成瀬雅春

ヨーガ的生き方ですべてが自由になる！

BABジャパン

はじめに

自由とは何かを考えてみましょう。

不自由なことが無くなれば自由ということになります。

では、不自由なことって何でしょうか？


人によって「不自由」と感じることは違うでしょう。

たとえば、給料が少なくて買いたいものが買えない。労働時間が長くて自由になる時間が少ない。学校が遠くて通学時間が長い。旦那の帰宅時間が遅い。お小遣いが少ない。転勤させられてしまった。病気で入院した…

これらのことは、不自由というよりは、不平不満です。

こういった不平不満は、考え方ひとつで解消できます。

不平不満のない「物事のとらえ方」。
不自由さの生じない「考え方」。
どんなことでも自由ととらえられる「生き方」が、私の実践しているヨーガにはあります。

ヨーガには自由になるためのヒントがたくさん隠されており、誰にでもできて、たった今から使えるものばかりです。本書からよりよい人生を歩むためのヒントを得て、活用していただければ幸いです。

成瀬雅春

第3章　ヨーガ的生き方のヒント

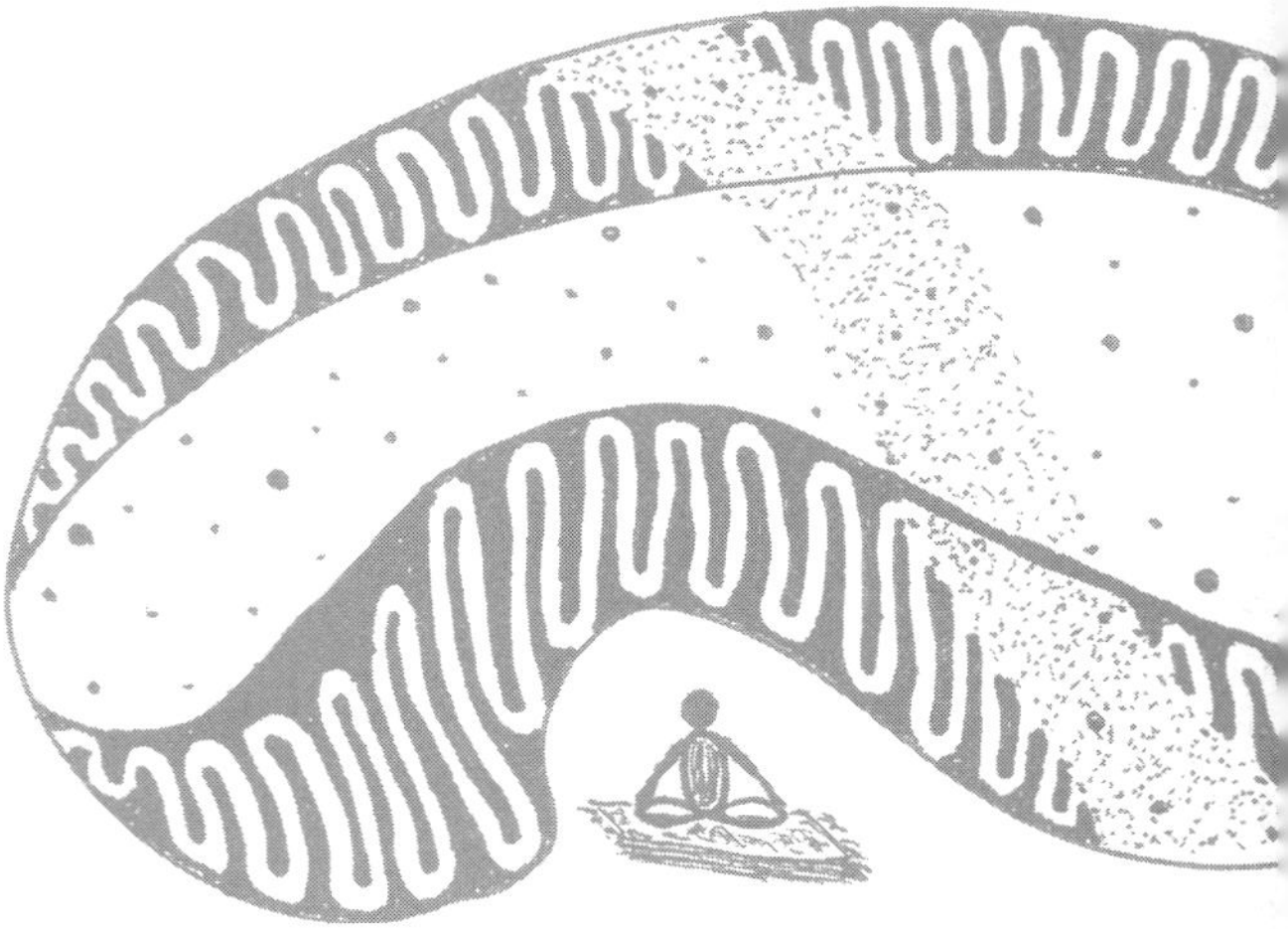

イラスト●成瀬　雅春

第1章 よりよく生きるために

1. 考え方を変えて自由になる

自分の自由にならないことは、たくさんあるでしょう。だからイライラする、機嫌が悪くなる、トラブルを起こす、という具合になります。もっと自由になりたい、もっと自由に生きたいと思っても、なかなかそうならないのが通常の人生です。

不自由な毎日、不自由な生活、不自由な人生。そこから抜け出したい。でも、これまでの生活と同じ日々を過ごしていたら、いつまで経ってもその不自由さからは解放されません。少しでも自由になろうと思うなら、少しでも「生き方」を変える必要があります。

では、どう「生き方」を変えればいいのでしょうか。簡単に「生き方を変える」

といっても、そんなに簡単には変えられないです。「生き方を変える」なんてできない、としたら「考え方を変える」では、どうでしょうか？　それも難しいと思う人は、自分の考え方を変える前のワンクッションとして、いろいろな考え方に耳を傾けるというのはどうですか？

これなら、そんなにハードルは高くないでしょう。

そこで、ヨーガを実践している私の考え方に耳を傾けてみてください。「ああ、こういう考え方もあるのか」「そういう見方もあるんだな」「その考え方は面白いな」など、新しい発見もあると思いますし、視野が広くなります。自分の常識の幅を広げていくのです。

一つの事柄に対して選択肢が多くなると、これまで以上のベストな選択をすることができる可能性が出てきます。それによって、これまでの不自由さから解放され、少しでも自由になれれば、幸せが増えます。

2．あなたはなぜ生まれてきたのか？

私たちは、これまで生きてきた年数を、そのまま「生きてきたな」とは実感していません。

たとえば一日六時間熟睡する人は、「実感として生きてきた」といえるのは、一日では十八時間ということになります。さらにその十八時間も、二歳ぐらいまでは記憶として残っていなければ、差し引く必要があります。

つまり、自分の思考が働いて、自分が「生きているな」という実感を伴っているのは、思ったより少ないのです。たとえば、四〇歳の人は、その四分の一（六時間×四〇年＝一〇年）は自分が生きているのか、死んでいるのか、存在しているのか、人間なのかも認識できていないのです。二歳までの記憶がなければ、さらに二年を差し引いて、二十八年という時間が、四〇歳の人の「生きてきた」と認識できる時間なのです。

そういう考え方は、これまでしていなかったのではないですか？　これからの人生を生きていくのに、自分の自由になる時間は四分の三しかないと思ったら、その時間を有効に使おうと思うでしょう。丸一年あると思ったら九ヶ月しかないのです。

そうすると、これからの生き方が、少し変わるかもしれません。「生きる」ということの考え方が少し変わると、生き方も変わってくるのです。残された時間を有効に使おうと思えるようになれば、それだけですでに、新たな生き方の一歩を踏み出したのです。今の状態から一歩前進することが、すごいことなのです。その積み重ねで人生が変わるのです。

その人生のなかで、いつしか「なぜ生まれてきたのか？」という疑問を持つようになった人も多いと思いますが、その答えはいろいろあります。

すでに生まれてきてしまっているので、「なぜ？」に対する答えは、自分を納得させるための方便と考えることもできます。また、とても不幸な出来事を経験すると「なぜ生まれてきたのか？」と嘆くことになります。

「なぜ生まれてきたのか？」を考え出すということは、生き方を考えることでもあります。生き方を考えるというのは、重要なことです。重要というのは、これまでの生き方ではなく、これからの生き方にとって重要なのです。

どういう生まれ方であっても、これまでどういう生き方をしてきても、これからの生き方が、それによって左右されることはないです。一般常識的には、これまでの生き方が、今後の生き方に影響を与えると考えられますが、本質的には、関係ないです。

今、この瞬間から、しっかりと前を見据えて歩み出せば、これまでの生き方に影響されることはありません。――ということは、これまでの生き方や、なぜ生まれてきたのか?という疑問に煩わされなければいいのです。

人はそれぞれいろいろな状態で生まれてきて、いろいろな人生を歩んでいます。ですから、他人と比べるのではなく、去年の自分より今年の自分が成長しているかどうかを比べればいいのです。

重要なのは、「これからどう生きていくか」だけです。そのことを知れば「なぜ生まれてきたのか?」という疑問にとらわれなくなります。その疑問から離れるということは、その疑問の解答を得たのと同じことです。

3．非常識ではなく、「超常識」

非常識ではなく「超常識」、つまり常識の幅を広げていくことが大切です。

「常識」は与えられたものですから、鵜呑みにせず、いったん自分のフィルターを通して考える必要があります。自分の思考を働かせる習慣がないと、緊急時に「あっちへ逃げろ」と言われて、周囲の状況も見ないで考えなしに従ってしまい、破滅的な結果になりかねません。

そして、誰かに言われたことをそのまま実行して失敗すると、その「誰か」を恨んだり、その「誰か」に責任を転嫁したりすることになります。そこにあるのは、誰かに対する恨みや、責任のなすり合いです。

インターネットで検索すれば様々な情報が出てきますが、それを知っただけでは意味がありません。読書から知識を得たにしても、先生から教わったにしても同じことで、けっして鵜呑みにしないことです。

自分で咀嚼してみて、自分で考えて決定するのです。鵜呑みにすると、間違った情報を得たときに、その間違えを自分の知識としてしまうのです。

先生から教わった知識が間違いだったときも同じことです。鵜呑みにすると人間的な成長が望めません。間違うことが悪いのではなく、鵜呑みにすることが悪いのです。たとえ間違っても、それが自分の判断であれば、それは人間的な成長材料になります。教わったことを生かすも生かさないも、自分次第です。

また、自分で実際に試して確かめてみることも大切です。たとえば最近は健康にいいとされる食の情報があふれていますが、それも盲信するのではなく、自分で検証してみることです。

自分で考えて実際にやってみるならば、結果はどうであれ、全部、自分の成長材料になります。失敗してもいいのです。その経験が必要だったと考えて、何でもプラス材料にすることです。

第1章　よりよく生きるために

4. 知識よりも観察力、想像力

知識だけでいいのであれば、スマホ一つ持てば済むことです。それよりも身につけるべきは「観察力」であり、自分が知らない分野の話を聞いても「こういうことか」と見当をつけられる「想像力」です。

以前、最先端医療機器の開発に携わっている人と話をしたときのことです。私は医療機器については何の前知識もなかったのですが、彼の話を聞きながら「医療機器は、操作する医師のスキルによるところも大きいでしょう。UFOキャッチャーのように、操作と動きにタイムラグも生じるでしょうから、一筋縄にはいかないでしょう」というような表現をしたら、「専門家しか判らないような話をされますね」と驚かれました。自分が知らないことでも、観察力と想像力があればシミュレーションできるのです。

このように話が通じると、私自身もいろいろ判って楽しいですし、話している相手の専門家も楽しそうでした。大切なのは、自分のフィルターを通して考えるようにすることです。

また、私の生徒の友人である競艇選手と、食事をしたことがあります。そのときは平和島競艇で二勝したとのことでした。簡単に二勝といっても、並み居る選手のなかで二回、一着になるということです。彼は、選手歴二〇年以上のベテランで、一〇〇〇戦勝以上している実力者なのです。

私が「今日はあまり水を被らなかったでしょう」と言うと、「そのとおりです」という答えが返ってきたので「二着以下だと、ずぶぬれになるんでしょ」と聞いてみたところ、「よく判りますねえ」と言われました。

私は、競艇場に行ったこともないし、実際のレースを見たこともありません。

しかし、シミュレーションすれば、だいたいのことは判ります。当然、レース中ずっと先頭を走っていれば、二位以下のボートの水しぶきを浴びないですむはずです。逆に二位以下のボートは、常に水しぶきを浴びながら走ることになるのだろうと想像がつきます。

そんな感じで、彼に「コーナーワークはけっこう難しいのではないですか」「エンジンの調整も、天候などによっては難しいのでしょうね」などと話したところ、専門家のように詳しいですねと言われました。

いろいろな職業の人と話をするのは、楽しいことです。日頃培った瞑想能力をもって想像力をはたらかせながら、見当をつけていく、それがつまるところ、昔から言われている「一を聞いて十を知る」「先見の明がある」ということにつながります。

第1章 よりよく生きるために

5．自分を変えたいなら

自分を変えたいなら、自分の殻を壊してみるといいです。私自身はパターン化するクセもなく、殻もないです。しかし一般的には、どうしても決まったものの考え方や行動を選んでしまいがちです。

これは自分に向いていない、と思ったら手を出さないのが普通です。しかし、向いてないと思うことを、あえてやってみることをお勧めします。頭で考えて決めるのではなく、体験してみて、本当に向いてないかどうかを確かめるのです。

やって大変なことになったらどうしよう、とは思わなくていいです。やる前に悩んでも仕方ありません。結果がどうであれ、気づきや新しく見えてくることが絶対にあるはずです。
また、人に勧められたからやってみよう、ではなく、その前に自分のフィルターを通して考えてみることが必要です。そのうえで、やるならやる、やらないならやらない、と決めます。考えることも行動のうちです。自分で考えて決めたことであれば、それがうまくいかなくても人のせいにする必要はありません。

「こうでなければならない」というこだわりは、あまりないほうがいいです。もしあっても、ときにはそれを破れるのがいいです。仕事内容や生活環境など、自分が思うところと違っても、それはそれでいいと思えるほうが、人間としては強いです。そうでないと、自分のこだわりを保てなくなったとき、その人は挫折を味わうことになります。

6．経験を愉しむ、人生を愉しむ

「何をやっていいか判らない」と言う人がいますが、まずは、自分が興味を持っていることをやってみるといいです。最初から「向いていない」というフレーズは出さないことです。最初から「これはダメ」では、一歩も進みません。

自分が面白そうだなと感じたことを、半年、一年とやってみて、身体で理解するのです。そのうえで、さらにやってみたいと思えば続ければいいですし、もっと別のことをやってみたいと思うのであれば、そうすればいいのです。

私自身は、自分がやったことがないことは、何でも面白そうだと思うし、やってみたいと感じます。若い頃には様々な職業を経験しました。窓の清掃、エレクトーンのセールスマン、時計の修理や宝石の販売、小豆の仲買人もやりました。また趣味としては、吹き矢、ダーツ、ダイビング、太極拳、ダンスなどをやったことがあります。

基本的に人生を愉しみたいと考えているので、面白いものがあれば、くいつきます。常に自分にとって面白いものを知りたいと思っています。


そもそも、生きるとは、どういうことでしょうか？

生きるとは、何かに興味を持って、何かをするということです。

ですから、何にも興味がわかず、何をやるわけでもないという人は、はたして生きているといえるのか疑問です。せっかく同じ一ヶ月、一年を過ごすのですから、何もやらなかったらもったいないです。

昨日と今日、去年と今年、変化があってこそ意味がありますし、楽しく毎日を過ごせます。家に引きこもってゲームばかりしていて、お母さんにごはんを作ってもらうだけでは、成長がありません。仕事をしたり遊んだり、トラブルがあったりするのが、生きているということであり、それによって人間的に成長するのです。

何かに興味を持ち、やってみるということは、人生に積極的であるということです。生きようとしているということです。何か一つやれば、それによって気づきや成長、変化があるはずです。何かが変わり、ワンステップ先に進めます。

ずっと家に引きこもっていては、生きている価値がありません。ヨーガをするのでも遊びに行くのでもいいので、何か行動を起こしてみることが必要です。

人間も動物ですから、動き出さないと、事は始まりません。行動を起こすことが、生命力（生きようとする力）の高まりにつながるともいえます。自分の人生というのはすべて、自分で切り拓いていくものです。

あまり物事に興味のわかない人がヨーガを始めると、好奇心が旺盛になり、積極的に前向きな人生を送るようになれます。

ヨーガをずっと続けている人は、そういう方向に向かっています。私の教室に通っている生徒で長い人は、四〇年近く通い続けていますが、そのような変化を実感するから、長続きするのでしょう。

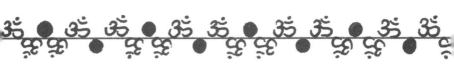

修行内容は十人十色

インドでは、一見変わった修行をしているヨーガ行者を見かけることがあります。片手を上げたままの人、片足を上げたままの人、ひたすらゴロゴロ転がっている人、一切しゃべらない人、太陽を見続ける人、フルーツしか食べない人などなどです。もちろん、アーサナをすることや、瞑想すること、マントラを唱えることを「行《ぎょう》」とする人もいます。

やっていることはそれぞれ違いますが、皆、解脱《げだつ》するという信念のもとに修行をしています。何かを「行」と決めて貫くのが、修行なのです。たとえば太陽を見続けていると最終的には失明してしまいます。しかし本人にとっては、その行を続けられなくなることのほうが大事件です。解脱することが目的なのです。修行法は健康法ではありません。

とはいえ、一般のヒンドゥー教徒で、解脱に向けて積極的に、アーサナ（ポーズ）を中心としたヨーガを実践している人というのは少ないです。ヒンドゥー教徒の大半は、毎日シヴァ神やガネーシャ神にお祈りする習慣があって、広い意味ではそれを「ヨーガを実践している」と考えることはできます。

日本人の私がヨーガを実践しているというのは、インド人には驚きのようです。

第2章

ヨーガとは、生きることであり死ぬこと

1．ヨーガは自分を観察すること

私は幼い頃からヨーガのようなポーズをとって遊んでいました。片足でバランスをとったり、身体をひねる動作をしたりといったようなことを、ヨーガとは知らずに夢中になっていました。後にヨーガと出会い、「これはヨーガだったんだ」と判りました。

私は自分の身体で遊ぶことが好きです。自分の身体は遊び道具です。身体を動かすことで変化するのが面白く、自然な流れでヨーガを続けてきました。

実はヨーガは、身体が硬くてなかなかできない人のほうが上達する可能性が高いのです。一回でできてしまう人よりも、百回やらないとできるようにならない人のほうが、達人になったりするものです。

なぜだと思いますか？

それは、百回やることで精度の高いものになるからです。時間をかけて何回もやったことは、確実に身につきます。身体が覚えるのです。そうしたことは、生涯忘れません。頭で考えるだけでなく、やってみることが大切です。遠回りすることはあっても、無駄になることは一つもありません。すぐにできるようになるのがいいというわけではないのです。

ヨーガのアーサナや呼吸法、瞑想法を教えるときに私が必ず伝えるのは、「自分を観察する」ということです。自分の状態をしっかりと観察すると、一〇回やったら一〇回違ったことをやっていると判ります。そうすると、ヨーガのレベルが上がります。

人はまったく同じことはできません。一回目はどうだったか、二回目はどうだったかというように、自分に意識を向けて観察するのです。自分の状態が判れば、どうすればいいのかが見えてきて、コントロールすることができます。

これは、何をするにしてもいえることです。呼吸法でも、瞑想法でも、音楽でも、スポーツでも、いろいろな角度から、自分を観察する方法を見つけ出してください。自分を観察して、いろいろなことに気づくことで、鋭い感性や、直感力、的確な判断力などが養われるのです。

第2章　ヨーガとは、生きることであり死ぬこと

2．身体が覚えるまで繰り返す

ヨーガ教室に続けて来ている人は、絶対できないと思っていたアーサナ（ポーズ）ができるようになったりします。それは、継続的に実践することで、自分の身体を使いこなせるようになるからです。

ヨーガの練習にかぎったことではありません。スポーツでも芸術でも、専門職を身につけるのでも、身体が覚えるまでは何度でも繰り返す必要があります。私も一時期は、身体をひねったり逆立ちをしたりというようなことを、ずっとやっていました。身体が覚えて生活の一部になってしまえば、改めて練習の時間をとらなくてもよくなりますが、ある時期は、やり込む必要があります。

最近は、私の教室に集まる人のレベルが上がってきています。すでにかなりの集中力が身についている人が、ヨーガを教わりに来ます。多くの生徒のレベルが高いと、そうでない人もいい加減にやるわけにいかなくなります。下手な人のなかにいると、なかなかうまくなりませんが、上手な人のなかにいると、うまくなります。どういう場や環境にいるかは大切です。

上手な人がやるのを見ただけで、できるようになることもあります。見ることで、それがポーンと自分のなかに入ってくるのです。見ることの効果は大きいです。

パイオニア的な存在の人は、自分より先を行く人がいないので、自分との闘いになります。オリンピック棒高跳びのブブカ選手（1963〜、旧ソ連）がそうでした。六メートルを超える記録は、ほかの選手をはるかに引き離した記録なので、大会ごとに自分の世界記録を自分で塗り替えてきました。まさに、前回の自分と比べるしかありませんでした。

その点、ライバルがいると、切磋琢磨し合えるので、お互いがレベルアップできます。

パイオニアでもライバルがいても、最終的には自分との闘いです。コツコツと自分のレベルを上げていく努力が大切です。

第2章　ヨーガとは、生きることであり死ぬこと

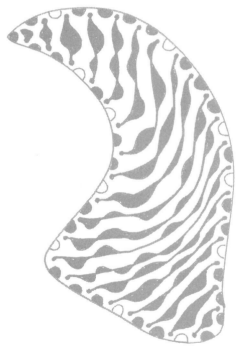

3. 自分で気づきを得ること

ヨーガを教えていて、生徒のポーズが間違っているときに私は、それをすぐに直してしまうことはしません。代わりに「こうするといいかもしれないよ」というヒントを投げかけます。人に直されて、それをそのままロボットのようにやるだけでは、次にまた同じ間違いをするからです。

その意味では、私のヨーガ教室は、手取り足取り教えることをしないので、不親切な教室と感じられるかもしれません。単にヨーガのポーズをたくさん覚えるのではなく、自分の頭で考えてやってみることを身につけてほしいのです。それは人生を生きるうえでも同じです。

ヒントをもらうと、人は自分で考えて、反芻してやってみます。すると正しいポーズに近づいていきます。そのようにして自分でやることに意味があるのです。

試験問題の解答を知って、そのまま記入すればよい成績を得られます。しかし、それでは学業がアップしたわけでもないし、後々苦労することになります。間違っていても何でも、自分でやってみることに意味があり、自分が一歩先に進んでいこうとすることに価値があるのです。


ヨーガ教典には、細かなテクニックは書いてありません。ヒントが書いてあるのです。ヨーガ教典だけでなく、仏典やキリスト教典、武道の極意書なども同じです。極意や秘伝は書いてなくても、修行を積んだ人が見れば判るようなことが書いてあるのです。

人に言われたことは、ヒントだと思えばいいです。それを使って自分がどうするかです。手取り足取り教えられればうまくなるというわけではないです。

人間に内在している力（肉体的・精神的な力や能力）には、計り知れないものがあり、そのほとんどは使われないまま生涯を終えるようです。それが発揮される例は、火事場の馬鹿力もそうですし、アインシュタインのような天才も、眠っている力が開花したのでしょう。

ヨーガにはその眠っている力を開花させるテクニックがあります。普通の人は、それを引き出すことができないまま日々を過ごし、生涯を終えるわけです。私は、ヨーガを教えることを通して、その眠っている能力を引き出す役割が与えられているのだと思います。

第2章　ヨーガとは、生きることであり死ぬこと

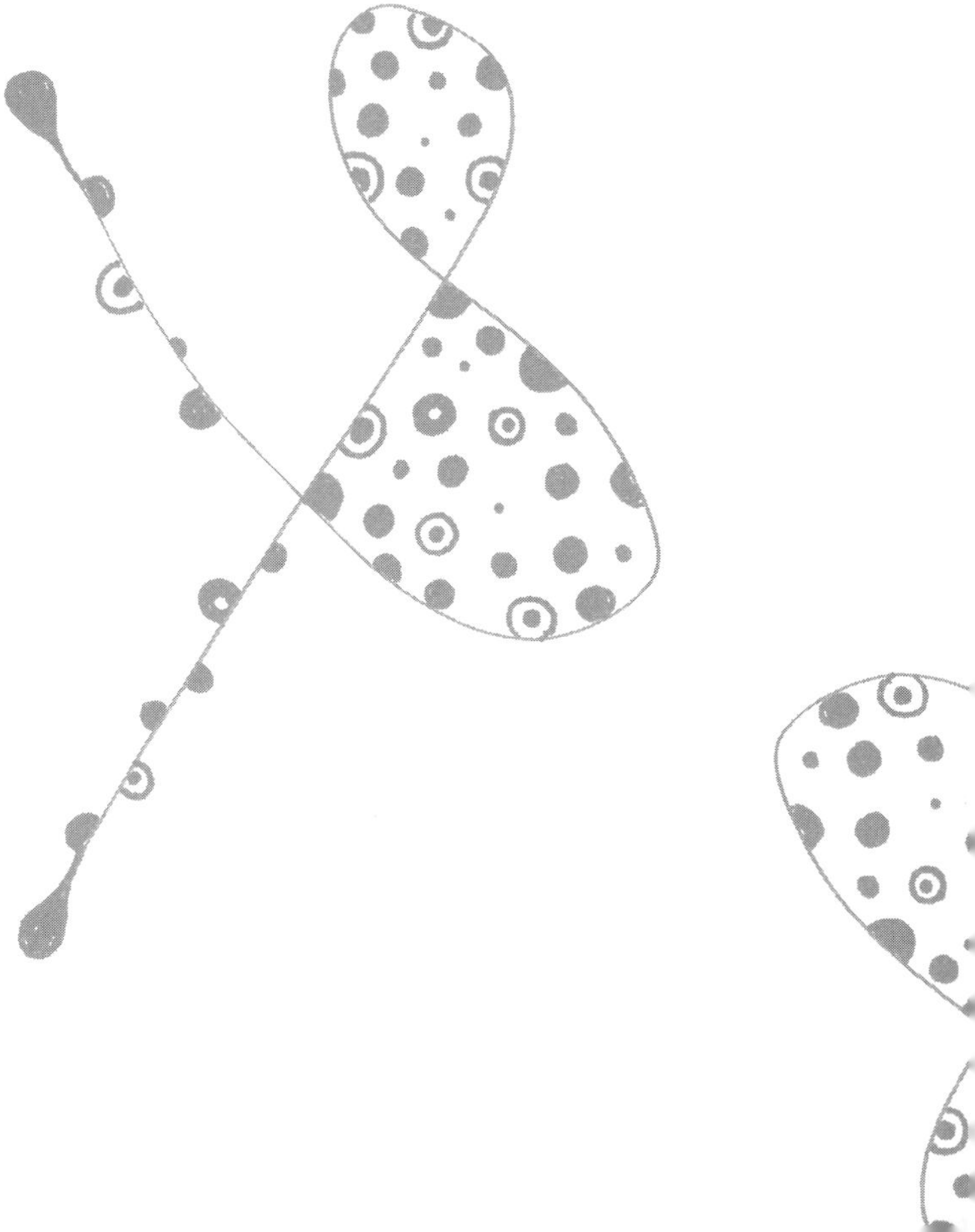

4．ヨーガとは、生きることであり死ぬこと

私たちは「死」というゴールに向かって生きています。死の瞬間は、生涯にたった一度しかありません。人は死の瞬間に、これまでの人生経験を走馬灯のように見る、といわれています。もしそうであれば、楽しい人生を送ったならば、その瞬間に、人生で経験した楽しいことが走馬灯のように流れます。死の瞬間を最高の状態で迎えることができるのです。

もし、つまらない人生を送ってきたとしたら、その走馬灯がつまらないものになってしまいます。人生の最後に、そんなつまらない走馬灯を見たくはないです。そのためにも、思い出すだけで笑顔がほころんでしまうような楽しい体験を、日々

重ねたいものです。

ヨーガを実践して瞑想能力が高くなると「宇宙のすべてを知ることができる」とされています。宇宙のすべてが判るということは、死のことも当然、判るのです。ですから、ヨーガ行者は、「死」という現象を見通すことができますし、死の恐怖からは解放されているのです。

死に対する恐怖は、見えないものへの恐怖です。「お化け屋敷」が怖いのも、何が出てくるか見えないからです。停電で真っ暗になると恐怖心が湧くのも、同じことです。そういわれても怖いものは怖い、というのが一般的だと思いますので、怖いと思うことがあったら、ディズニーランドのアトラクションだと思って楽しめばいいです。

ヨーガの本来の目的は、「解脱《げだつ》」（悩みや迷いといった煩悩から解放されて自由になること。輪廻の輪から抜け出ることを意味する）です。それはつまり、人間として生まれてきて、人生経験を通して人間的な成長をし、人生をベストな状態で過ごして終えることであるともいえます。

ヨーガを美容のために始めたという人や、健康のためにこれから始めようという人もいると思いますし、それもいいことだと思います。美容や健康を意識することは、充実した人生を歩むためには大切です。

実は、私たちは誰でも、生まれたときから死ぬまでヨーガをやっているという見方ができます。腰が痛くなったら伸ばしたり、首が凝ったら回したり、ということを自然とやっていますが、ヨーガはその延長にあるものです。

ヨーガとは、自分を見つめること、そして、自分をコントロールすることです。生きていくうえでは、いろいろな意味で自分をコントロールする必要があります。ヨーガのアーサナ（ポーズ）や呼吸法は、そのコントロール能力を身につけるものです。

ヨーガは、生きることであり、死ぬことであるともいえます。「生きていて、いつかは死ぬ」という点では、すべての人に関係していることなのです。「よりよい人生を歩んで、楽しい走馬灯を見ながら生涯を終える」ようにするには、ヨーガを身につけるのがいいと思います。

5．身体を通して自分を知る

自分を知るためのアプローチ方法は、いろいろありますが、判りやすいのは、自分の身体を使うことです。身体を使いながら、自分に関わることを観ていくのです。身体ってこんなに動かないんだなと思うかもしれませんし、腰をひねってみて、「こっちは楽だけど、反対はやりにくい」と感じるかもしれません。どれも自分を知ることのワンステップになります。

私は、身体ほど面白い遊び道具はないと思っています。私は小学生の頃からそうして自分の身体を使って遊んでいますが、飽きることはありませんし、興味が尽きません。未だに新しい発見があります。

ヨーガのポーズには、身体が硬いと難しいものが多いのも事実です。しかし、だからといって、身体の硬い人には向かないということはありません。むしろ身体が硬いほうが、自分自身を観察する材料が豊富です。もっと上達するにはどうしたらいいか、ということをいろいろ工夫できます。身体が柔らかくなったのを感じられれば嬉しいですし、さらに続けてみようと思えるはずです。

ヨーガの目的は、難しいアーサナ（ポーズ）ができるようになることではありません。アーサナをたくさんできるようになればいいというものでもありません。他人と競争をするのではなく、するなら自分との競争をします。自分を観察して、自分のことを知り、自分が一歩先に進んでいくことが目的です。ですから、身体が柔らかくて器用にすぐにできるのがいいとはかぎりません。

それと、身体を使ううえで大切なのは、力を抜くことです。力を入れるのは簡単ですが、力を抜くのは難しいです。

武道や格闘技でも、力の抜き方がうまい人のほうが瞬発力があり強いです。たとえば、力士が土俵で対戦相手とぶつかる前には、力が抜けていなければ負けてしまいます。一〇〇の力を発揮するためには、無駄に力の入っている部分はゼロの状態でなくてはならず、すでに四〇の力が入っていたら、残りの六〇しか発揮できないのです。

力は抜こうと思っても、簡単には抜けるものではないです。身体を使うことはすべて、練習を重ねるなかで、余分な力を抜けるようになるのです。まずは不必要な力を抜いて、そのうえで力を入れる必要があるところにだけ力を入れるのです。そうすれば、自分の持っている力を無駄なく効果的に使うことができます。力の抜き方を覚えれば、武道やスポーツも格段に強くなれます。

第2章　ヨーガとは、生きることであり死ぬこと

6. 書かれていることのエッセンスをとらえる

私のヨーガ関係の著書は、何度も読み返すという人も多いです。読むたびに新しい発見があると言います。

テレビをぼんやり見ていても、ただそこにあることを知るだけですが、そうではなく、自分のフィルターを通してとらえるということが大切です。本一冊を読むにしても、自分の成長のために、自分のこととして読むなら、いろいろな発見があるでしょう。

あまり学ぶところのない本を、繰り返し読んでも仕方ありませんが、これだと思った本を何度も繰り返し読むことで、その本のエッセンスをとらえられるようになります。

たとえば、ヨーガ経典を読んでも空中浮揚や空中歩行ができるようになる人がほとんどいないのは、経典に書かれているエッセンスを見逃しているからです。表面的な理解で終わることなく、エッセンスをしっかりととらえて、そのとおりに実践すれば、できるようになるのです。

ヨーガ経典が何千年も大切に伝えられてきたということは、ウソが書いてあるはずがないと私は考えました。千年前の人がやれたなら自分にもできるはずです。現代人ができても不思議ではありません。私は経典に書かれていることをよく読んで、そのまま実践してみたのです。

もちろんそのためには、基礎的なヨーガの能力や、読むうえでの洞察力も必要です。ヨーガ経典には、練習を積んだ人がよく読めば判るようなことが書いてあります。

私には師匠はいませんので、あえていうならば、ヨーガ経典が師匠です。

7．初めてインドを訪れたときのこと

私が最初にインドを訪れたのは一九七七年のことです。その頃の私は、友人に頼まれて、別の仕事のかたわらヨーガを教えるようになっていました。それで、それまでは自分なりにヨーガをやっていたのですが、インドのヨーガを確かめに行くことにしたのです。

北インドのリシケーシュ（「聖者の髪」の意味）という名前の町は、ヨーガの聖地といわれています。ヒマラヤへ向かう入り口にあたるところで、ガンジス河の上流に位置する町です。そこに多くのアーシュラム（ヨーガ道場）があると聞いていました。それで、リシケーシュの「シバナンダ・アーシュラム」を訪ねることにしました。到着すると「今日から部屋をあげるから修行しなさい」と言われました。当時はそのようなシステムでした。

シバナンダ氏（1887〜1963）はインドの代表的な聖者です。彼が設立したアーシュラムは、インド中から寄せられる寄付で運営されていました。アーシュラムでは、瞑想の時間やアーサナ（ポーズ）の時間があり、修行者は各々が希望する修行に参加します。シバナンダ・アーシュラムには二週間ほど滞在しました。

その後、一緒にいたもう一人の日本人がロナワラ（デカン高原にある避暑地）に行きたいということで、移動することにしました。列車のチケットを買うのに三日もかかり、移動するのに一昼夜かかりました。安い席だったので、トイレから戻ってくるとそこには知らないインド人が座っているという、インドらしいこともありました。

デリーからボンベイ（現ムンバイ）を経由して、ロナワラに到着しました。近くにアイアンガー氏（1918～2014）の道場があるということで、そこを訪ねることにしました。アイアンガー氏は有名なヨーガの先生で、彼のヨーガに関する著作は世界中で読まれています。アイアンガー氏から、「映画の撮影をやっているので見に来ないか？」と誘われて、見学したり、一緒にアーサナをしたりしました。

最初のインド滞在はそのようにして過ごし、日本での仕事もあったことから、一ヶ月ほどで日本に戻りました。

東京で修行をしていても、インドで修行していても、本質は変わりません。ヨーガは自分を見つめ、自分を知る作業です。

現在のインドでは、ヨーガがアメリカから逆輸入される形でブームになっていますが、大きな道場などはカルチャーセンターのようになっていて、ヨーガの本質が見失われかけています。反面、ヒマラヤで厳しいヨーガ修行を積んでいるような行者もいます。

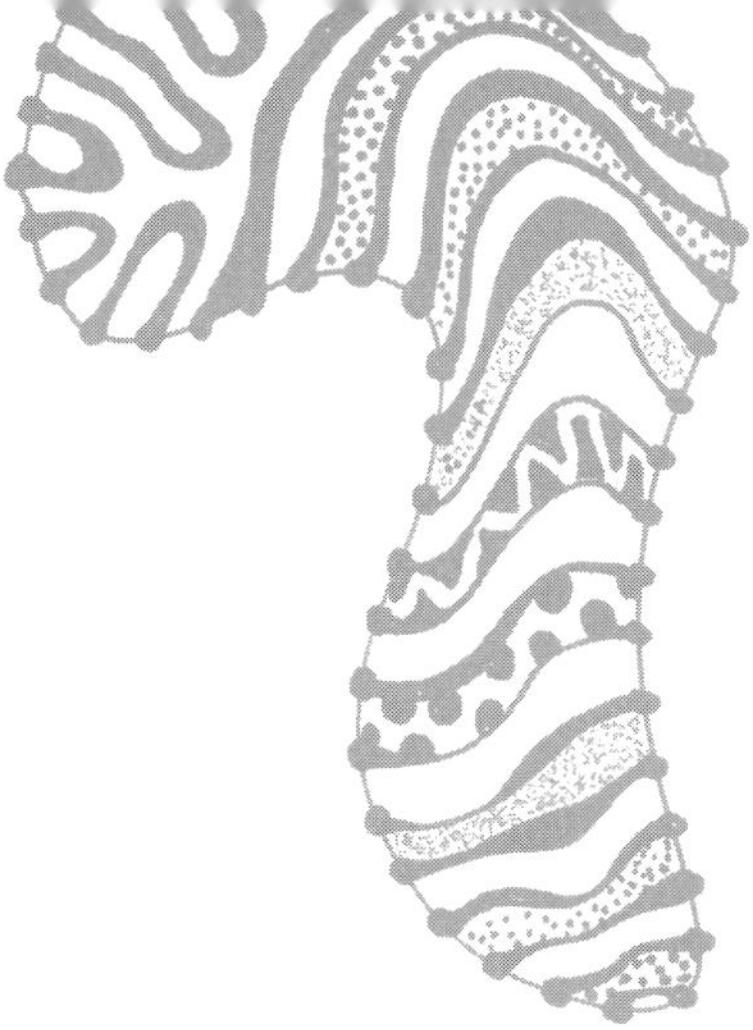

インドのアーシュラムに修行に来るのは、私が最初にインドに行った当時は、ヨーロッパなどから来る外国人が多かったです。最近はアジアから来る人が目立つようです。

8．ヨーガ修行がもたらすもの

時々、会社勤めが辛いからヒマラヤに行って修行するという人がいます。…が、サラリーマンを挫折するようでは、ヒマラヤで修行生活はできません。ヒマラヤ修行は、仕事や生活から逃げてできるほど甘いものではないのです。

しかし、社会生活とは縁のない、別世界のものというわけではないです。ヒマラヤでするヨーガ修行は、毎日を快適に過ごし、充実した人生を送るために役立てられます。肉体も精神も霊性も磨き上げることによって、社会生活を豊かにし、輝きに満ちた人生を送ることができるのです。

私の主宰するヨーガ教室には、一時間半の体験で明らかに変化する人もいます。

心因性の病気を抱えていたある生徒は、二回目に来たときには明らかに顔色がよくなっていて、「ああ、この人はもう大丈夫だ、よい方向に向かっていくだろう」と感じました。

私のヨーガ教室に来る生徒は、健康面でも精神面でもよい方向に向かう人が見られます。もちろんヨーガを実践すれば、そういう効果があるのは当然のことです。


それにプラスして、私の教室では「場作り」を重視しています。場所と「場」は違います。場所は、広いスペースを確保してきれいな内装にして作りますが、「場」はそういう方法では作れません。

私の教室はカルチャースクールではなく、私個人の教室ですので、ヨーガ以外の健康法やスポーツなどには場所を使いません。その分、昼間は使わない時間が多くなるので、経営的には苦しいです。それでもほかのことに使わないのは、場の雰囲気を乱したくないからです。来る人は、すべてヨーガを実践するためだけに来ているので、そのバイブレーション（波動）で満たされます。

そして私は、ヨーガ修行を重ねたヒマラヤのバイブレーションを、そのまま教室内に満たすようにしています。ヒマラヤの石や砂、ガンジス河源流の水を蒸発させて室内に漂うようにしています。その私の場作りを感じるのか、来る人が「居心地がいい」と言って和むケースが多いです。

ヨーガには、周囲の人たちを「平和な気持ち」「平穏な心」にする力があります。私がヒマラヤで瞑想していると、必ずといっていいほど鳥が上空を舞って、そのうち近くに舞い降りるのです。すると私と目を合わせて、しばらく嬉しそうにしています。ヨーガの瞑想をすることで、人も動物も平和な心にさせ、幸せなバイブレーションで満たすのです。

第2章　ヨーガとは、生きることであり死ぬこと

9. ヒマラヤでの修行で求められること

私はガンジス河源流のゴームクというところで、厳しいヨーガ修行を重ねました。ガンジス河源流は、氷河の下を流れる水が数十キロの旅を経て初めて地表に出るところです(標高三八九二メートル)。のべ十三年、毎年ゴームクに行ってヨーガを実践し瞑想の経験を積み、ヨーガ経典に書かれている数々のテクニックを身につけました。

どこで修行をするにしても、本質は「自分を見つめ、自分を知る作業」ですが、ヒマラヤという環境だからこそ求められることもあります。

空気の薄いヒマラヤで、危険な岩の上に坐って瞑想するときは、一瞬の油断が命取りになります。ですから、瞑想にも身が入ります。安定していない岩場では、身体のコントロール能力、精神力、胆力をしっかり保っていなければなりません。
また、厳しい自然環境のなかでは、急に氷河が崩落したり、土石流が発生したりと、常に命の危険にさらされます。また、ガンジス河に転落して心臓マヒを起こしたり、氷河のクレバス（深い割れ目）にはまるなどして命を落とす人もいます。危険を察知して的確に判断する能力を持ち合わせていなければ、そのような危険な場所で修行することは望めません。

私がヒマラヤで修行することで、それが本になったり、修行している写真が雑誌に出たりして、日本でヨーガをやっている人たちの何らかの刺激になったり、役に立ったりします。それも私の役割の一つかなと思います。だからこそ、より、日々精進しようという思いが強いのかもしれません。

10. 元高名な聖者から感じた魅力

ヒマラヤを訪れた際に、ガンゴットリーという地で、かつてはインドで誰もが知るような高名な聖者だった人に出会いました。彼は四〇年ほど前に高名な聖者の地位を捨て、単なる修行者としてこの地にやってきました。そして、ガンジス河源流のバギーラティ河のほとりの小屋で修行を続けていました。

私がガンゴットリーを歩いている途中に、河に向かって瞑想している一人の老人の姿を目にしたのです。私はその人のことはまったく知りませんでした。しかし、その様子を一目見ただけで、瞑想に熟達している人だということが判りました。

瞑想中の彼は、私が近くにいることを認識しているようだったので、近づいてみました。すると、それまでの瞑想状態をまったく乱すことなく、私にほほ笑みかけてくれました。

挨拶をすると彼は、このあたりをたっぷり見なさい、という仕草をしました。同行の弟子がヒンディー語で聞いたところ、「ここで四〇年間修行している」と言います。ニコニコとした笑顔で「すべてを知っている」「このあたりのすべてを見て行きなさい」と話す彼の雰囲気はとても気持ちがよく、しばらくそれに浸っていました。

その後しばらく、あたりを歩き回って、再びその老人のところに戻ってきました。彼は自分の小屋に私たちを案内してくれました。小屋のなかにはその老人の師の肖像画や、彼自身のポスターが貼ってありました。それで私は彼が高名な聖者であったことを知ったのです。

高名な聖者として生きていれば、信者がたくさん集まり、常に肩書きどおりの高名な聖者を演じ続けなければなりません。すると、どうしても純粋さから遠ざかってしまいます。

私はインドで聖者といわれる人には数多く会ってきました。どの聖者もこだわりや執着などがあり、私にはそれが感じられたのですが、その老人にはそのようなものはまったく感じられませんでした。彼に我々が魅きつけられる雰囲気があったのは、こうしたことからでした。これほど魅力的な聖者に出会ったのは、初めてのことでした。

肩書きなどにこだわっている人には、やはり魅力はありません。内面的なものは、やはり何らかの形で表に出てくるものです。また、それがその人のバイブレーションになっているのです。

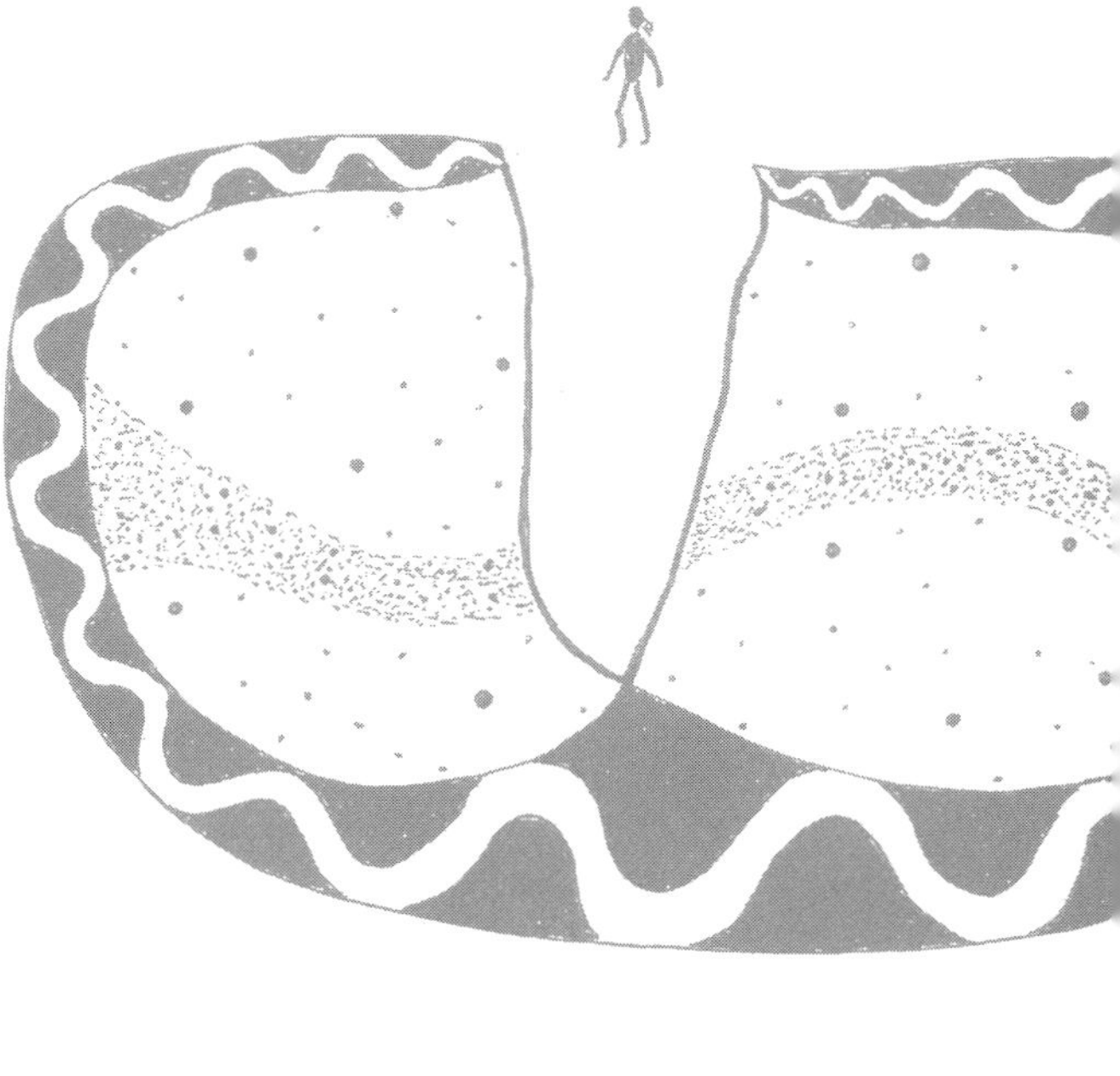

第2章　ヨーガとは、生きることであり死ぬこと

11. 真理は一つ、万教同根

仏陀やイエスの時代から今日に至るまで、聖者といわれる人は世界各地にいます。

私自身は、先祖から受け継いだ宗教はあるものの、その信者とはいえず、ヒンドゥー教徒でもありません。

私が心の奥底から「この人は偉大な聖者だ」と感じたのは、パラマハンサ・ラーマクリシュナ（1836〜1886）という人物です。ラーマクリシュナは、「真理は一つ」「万教同根」という悟り（至高体験）を体得した人です。

彼はもともとヒンドゥー教徒として修行を積んでおり、そこで神と一体となる体験を繰り返しました。そうするうちに彼は、「万教同根」なのではないかと感じるようになります。そこで彼は、ヒンドゥー教を捨ててキリスト教に入信し、修行を重ねます。そこでもまた彼はイエス、マリアと一体となる体験をしました。さらには、イスラム教にも入信し、そこでもまた彼は神と一体になる体験をします。

ラーマクリシュナは自分の宗教を捨ててほかの宗教に入信し、肉体を通して悟りを得ることを繰り返したのです。宗教の枠を超えて「真理は一つ」「万教同根」を体得した人物は、彼のほかには知られていません。ラーマクリシュナの偉大さはそこにあります。仏陀もイエスもほかの宗教の悟りを得るという体験をしていないという意味で、ラーマクリシュナのほうがスケールの大きい聖者であるといえます。

ラーマクリシュナは、自身の体験にもとづいて、神の言葉、真理を伝えるようになりました。彼の元には、ヒンドゥー教徒だけでなくイスラム教徒やシーク教徒、キリスト教徒も集うようになったということです。

12. 肉体も精神も霊性も等しく重要

いろいろな時代、いろいろな地域、いろいろな民族で、表現は異なりますが、人間には何か根源的な存在があると認識されています。「魂」「霊我」「真我」「プルシャ」「アートマン」など、根源的な存在があることは否定できません。

霊性というものに意識が向くと、そこから人間的成長が顕著になります。ただし、霊的なことに傾倒するようになると、霊性こそが重要であると考える人もいますが、そうではありません。肉体も精神も霊性も等しく重要です。

私たちの生は限られています。長寿の人でも百年前後で、五百年も千年も生きられるわけではありません。その限られた時間を生きるには、身体もきちんと機能したほうがいいでしょう。肉体的にも精神的にもいい状態を保てたほうが、人間が生きて行動していくうえではスムーズです。

ヨーガのアーサナ（ポーズ）は、何千年もの歴史のなかで、ヨーガ行者たちが試行錯誤して生み出してきた身体操作です。もともとは、長時間にわたって瞑想していても疲れない坐り方が必要であったことから、様々な坐法が生み出されました。それがアーサナです。「アーサナ」は、サンスクリット語で「坐り方」を意味します。

また、瞑想に専念できるようにと、健康維持のための様々なポーズも生み出されました。それが徐々に決まった形になっていったのです。現在まで伝えられているアーサナは、生きていくうえで大いに役立つ、合理的な身体の動きの集大成であるといえます。

アーサナや呼吸法、瞑想は、心身を整え、生命力を高める優れたツールです。スポーツや格闘技と違って引退もなく、死ぬまで続けることのできるものです。

13. ヨーガが最終的にめざすところ

ヨーガの本来の目的は、「解脱《げだつ》」です。

これは、悩みや迷いといった煩悩から解放されて自由になり、生まれては死ぬ、生まれては死ぬ、という輪廻の輪から抜け出ることを意味します。死んだ後も、人間としての勉強がまだ残っている人はまた生まれ変わりますが、すべての勉強を終えれば、輪廻の輪から抜け出ます。それは、人間として生まれてきて、やることをやって、人生をベストな状態で過ごして、終えるということでもあります。

大半のインド人は、生活が楽ではありません。洪水や飢饉で農作物が育たず、明日の食事に困ることもあります。ですから、そうした人生を何度も繰り返す輪からは、できることなら抜け出したいという願いがあります。おまけにヒンドゥー教の考え方では、必ずしも人間に生まれ変わるとはかぎりません。虫けらに生まれ変わるかもしれないのです。

生まれ変わるよりも解脱したいという思いから、インドでは、何千年も前からヨーガ修行が続けられてきました。輪廻の輪から抜け出す解脱は、ヒンドゥー教徒に希望を与えてくれるものなのです。

「カーシャーム・マラナム・ムクティヒ」（ベナレスで死ねば解脱できる）という言葉は、その象徴的なものです。ガンジス河沿いの街、ベナレス（バラナシ）で死んだ者は、輪廻の輪から抜け出し、解脱できると考えられているのです。

この街には「死を待つ館」（解脱の館）があり、死期が近づいたヒンドゥー教の老人が、幸せそうな顔をして、近々迎えるであろう死を待っています。この館では、最後のときを神の名を聴きながら迎えられるよう、絶え間なく神の名が唱えられています。

いちど解脱すれば、二度と人間として生まれてくることはなくなります。私の解釈でいえば、人間卒業ということです。人間として勉強しなければならないことを勉強し終えたということです。そして、その「人間を卒業する」ためのノウハウがつまっているのが、ヨーガです。ヨーガを実践して、少しでも解脱に近づこうとするのです。

人々は解脱するために、アーサナをしたり、マントラを唱えたり、瞑想をしたりしてきました。いろいろなアプローチがありますが、どれもそれを通して自分を観察し、自分のことを知り、人間について知っていくということです。

「自分はなぜ生まれてきたのか」「生きることとは何か」「死んだらどうなるのか」……そうした疑問は、すべて自分にまつわる疑問ですが、ヨーガでは、それらの答えを、自分を観察しながら一つずつ見つけていきます。いわば人生の真髄となる、問いと答えです。

もちろんヨーガでなくても、音楽や踊り、スポーツ、また仕事を通して、人生について学ぶ人もいるでしょう。それぞれが自分に合ったものを通して学んでいます。ただ、ヨーガの場合は、「解脱」つまり人間卒業をめざしているわけですから、ストレートに本質に迫っていきます。ただし、ヨーガはいわゆる宗教ではありません。自分が自分を知るために、個人が実践していくものです。

人間にとって何が重要なのかというと、日々の生活態度であり、日々の修行です。日々の真摯な生き方の積み重ねこそが、人間が生きていくうえで真に重要なことといえます。

14. 私が一番興味があること

私は、過去の体験にはあまり興味がありません。私が一番興味があるのは、死の瞬間です。死に対しては、恐怖を抱くよりも、むしろワクワク待つ気持ちがあります。

人は、生まれてきたからには、必ず死にます。私も皆さんも同じです。しかしながら、そのことをきちんと考えていない人がほとんどではないでしょうか。現代は、目の前で死にリアルに接する機会がすごく減っています。だからどんどん死から意識が離れて、現実感が薄れているのかもしれません。

ヨーガ的な考え方として私自身は、自分の死をコントロールして、自分の死にたいときに理想的な形で死ねるといいと思っています。
人は自殺を除いて死だけはコントロールできないとされていますが、ヨーガにはそれをコントロールするテクニックがあります。ヨーガに熟達した人は、自分の決めたときに「自然死」することができるのです。それは自分をコントロールすることのなかで一番難しく、最高のものです。

私たちのゴールが死ならば、そのゴールをどのように迎えるかは非常に重要です。できれば一番いいゴールの迎え方をしたいものです。そのためには苦しいことや嫌なことも含めて人生を愉しむことが大切です。今この本を読んでいる時間も、有効で愉しいものでなくてはなりません。今日一日も充実して愉しくなくてはなりません。

そのようにして迎えるのが、最高の死「マハー・サマーディ」（自分で意識的に肉体を離れること）です。もちろん簡単なことではありませんが、そのレベルに至れば、死への不安や恐怖といったものは、まったく無くなります。

瞑想時の脳波を測定する

死のコントロールは、通常は絶対にできない高度なレベルのものです。

私自身が瞑想をするときは、内的な意識のコントロールで深い瞑想状態にもっていきます。これは死のコントロールほどではありませんが、やはり難しいものではあります。


私は何度か、瞑想時の脳波の測定に協力したことがあります。

一度目は駒澤大学で「ヨーガと禅の違い」というテーマで測定しました。

私の場合は、測定開始の瞬間から瞑想の深い状態を示す脳波が出て、測定終了の瞬間にその脳波が消えるという結果でした。つまり私は、脳内のコントロールをしていたのです。


また、脳力開発研究所（主宰・志賀一雅氏）の依頼で脳波測定をしたこともあります。これも計測範囲を振り切ってしまうなど、簡単にいうと、驚くべき結果が出た、ということです。志賀氏は、そのデータを米国で論文発表したそうです。

最近では、ＮＨＫの某番組に協力して、脳波測定をしました。計測開始から一瞬で、α波を通り越したθ波の状態になり、あわせて前頭葉の血液量もアップしたとのことです。

死のコントロールを目指している私にとっては、脳内コントロールは簡単です。ヨーガにはそういう力があるのです。

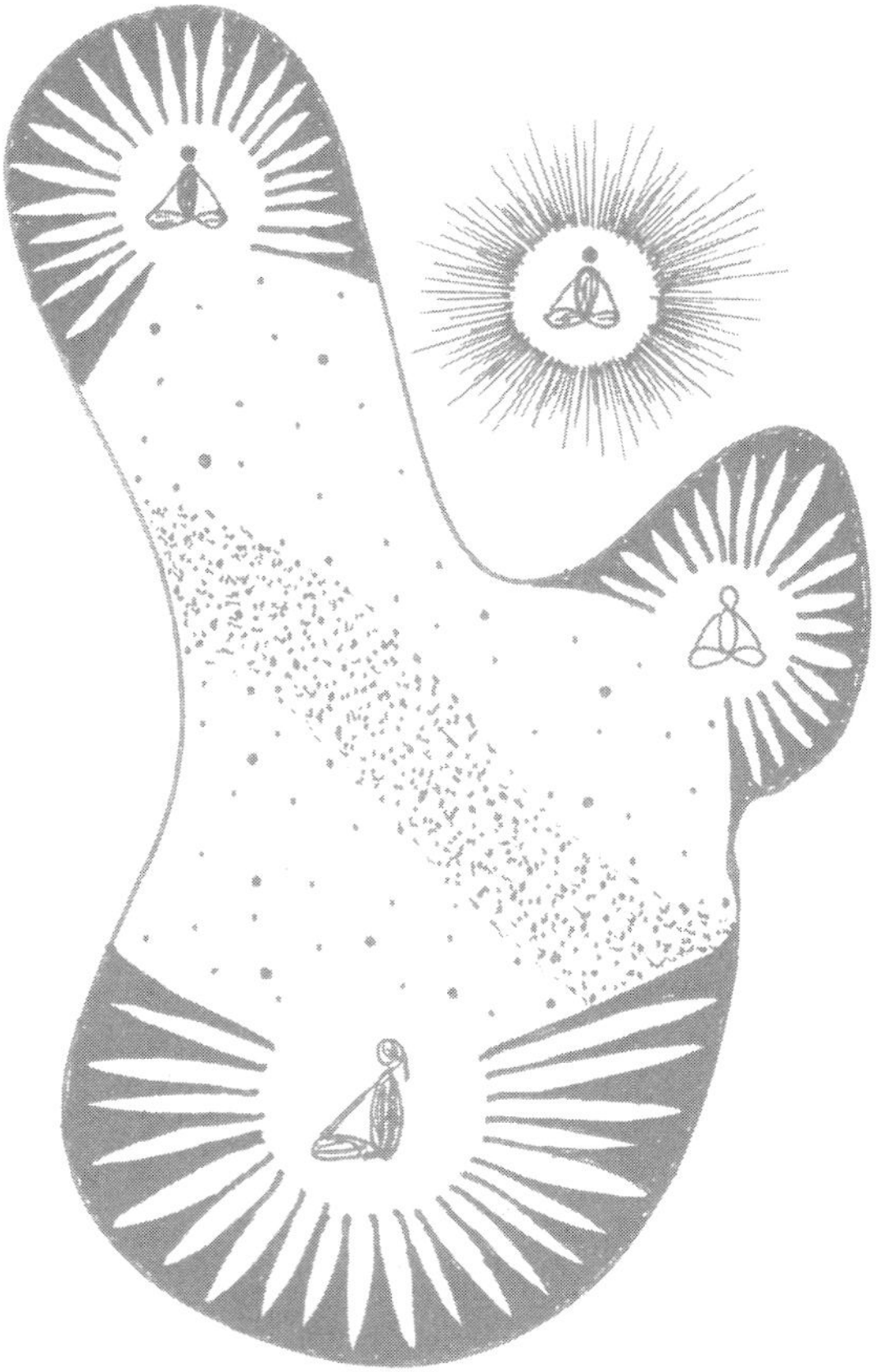

第3章

ヨーガ的生き方のヒント

1．人は、人間関係で成長する

私は人間関係を大切にしています。

生きることは、人に出会うことであるともいえます。部屋に引きこもって誰とも会わずに生活していたとして、それが人生といえるでしょうか。友人がいて、会社の同僚がいて、取引先の人がいて…それが人生です。

人との出会いが、新たな出会いや次の展開につながることもあります。

私はヨーガ以外に音楽活動もやっています。私は若い頃に音楽の仕事に就いていたことがあり、それをもとに小説『ハイトーン』を書きました。昭和四十年前後のキャバレーとジャズの話です。その時代のキャバレーを再現したジャズライブをしようという流れになり、数年前からミュージカル公演をするようになりました。そこには出会いが出会いを呼んで知り合った仲間も多くいます。

そのミュージカルに出演している人たちの多くは、役者でも歌手でもなく、一般社会人です。私の教室の生徒でない人もいます。その人たちと、いろいろな縁で知り合い、意気投合して、私のミュージカルに出演することになったのです。

人は人間関係で成長します。学校に行くだけでは学べないことがたくさんあるはずです。人は、人とのコミュニケーションで成長し、その人物像や生き方にふれることで成長するのです。

人との出会いは愉しく、嬉しいものです。人間関係でいかに自分が学び、愉しめるかが重要なのです。

2．人間関係も「ゲーム」のようなもの

私は、ヨーガ教室の生徒から、人間関係の悩みを相談されることも多くあります。職場や学校、家庭など、ストレスの原因が人間関係にあることは多いですが、考え方を柔軟にすれば、意外と楽になります。

うまくいかないことがあったときには、自分の外ではなく、自分自身を見つめます。すると直すところが見つかります。トラブルの原因は自分にもあるのです。ヨーガをやっていると、そうした気づきが早く、そして多くあります。

相手を変えることはできませんから、相手とうまくいくように、自分が演技すればいいのです。上司とうまくいかないのであれば、上司と接している間だけこ

ういう自分になるという「演技」をします。ゲームだと思って愉しんでください。映画でも何でも、個性的でおかしな人が出てきたほうが面白いでしょう。このように客観視することは、ヨーガの瞑想の本質です。

嫌な人だと思っても、絶対にいいところ、面白いところがあります。あなたが嫌な人だと思っていると、そういうバイブレーション（波動）を発して、相手もそう思うようになります。

もしその人間関係がどうしても嫌ということであれば、そこから離れるしかありません。しかし、それは最後の手段です。その前に、その人間関係をよい方向に向かわせるために、自分がどうすればいいのかを考えてください。ほんの少し自分が変わるだけで、人間関係が良好になることもあります。

生きることはすべて、よい意味での「遊び」「ゲーム」だと思っていいのです。うまく進めるためのゲームテクニックをいっぱい使えばいいです。そう考えたほ

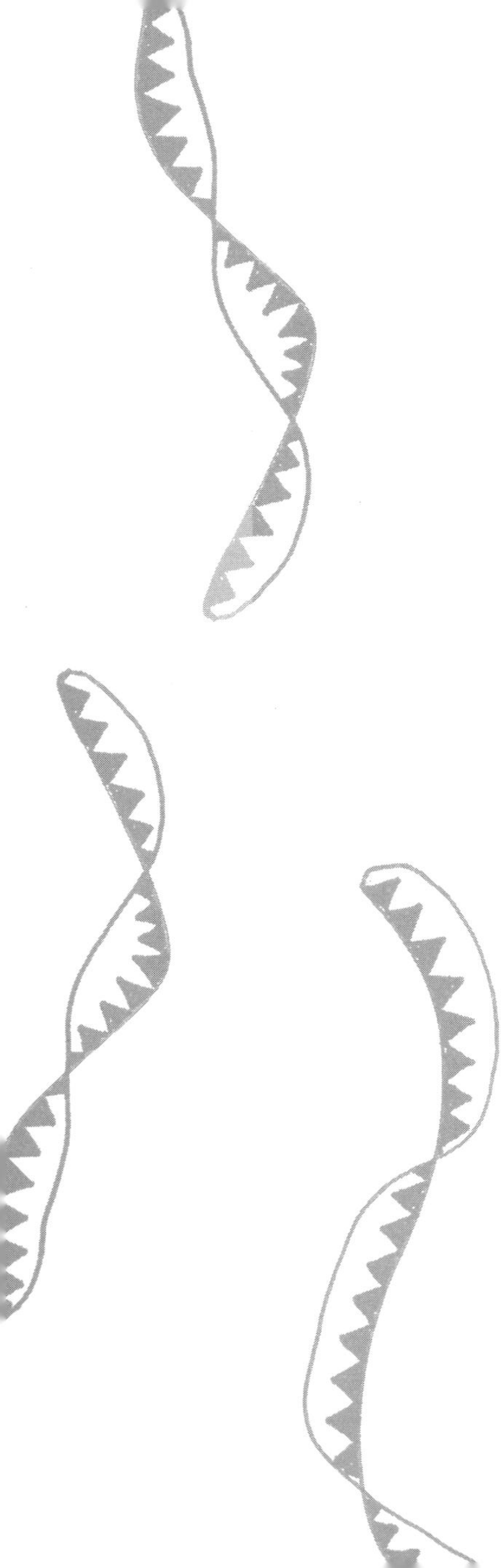

うが、楽に生きていけますし、愉しいです。楽しいこと、辛いこと、嫌なこと、苦しいことなど、どんなことも愉しむ姿勢が大切です。

第3章　ヨーガ的生き方のヒント

3．人の縁と場のバイブレーション

私のヨーガ教室は、「来る者拒まず、去る者追わず」です。最初に入会金を払えば永久会員になりますので、しばらくヨーガをやってみて教室に来なくなった人でも、また続けたくなったときに再開することができます。そういう人も、いつでも気楽に再開できるようにしています。最近では、三〇年ほどブランクがあって、また来るようになった人もいます。その人は最初に来たときは学生でしたが、今ではすでに成人された子どもがいるということです。

教室によっては、ほかの教室やスタジオに通うことを禁じているところもあります。自分の弟子なのだからここで学ぶべきだというのです。しかし、そのように縛ることに何のメリットがあるでしょうか。むしろ、いろいろな教室やスタジオを見に行ったうえで、自分に一番合っているなと思えるところを選択するのが理想的だと思います。

人や場のバイブレーション(波動)にも、相性があります。仕事もプライベートも、バイブレーションが合うからよい縁になるのです。バイブレーションが合わなくなれば、自然と縁も切れます。ですから、あまり好ましいと思えない縁があるのだとしても、とらわれる必要はありません。切れるときは切れると思っていればいいです。

学校、会社、レストラン、喫茶店、ヨーガ教室など、皆さんが普段過ごしている場所にも、何かしらその場のバイブレーションがあります。

場のバイブレーションは、基本的には人が持ち込むものです。そこに集まる人たちがいろいろな思いや行動を持ってそこにやってきます。それがデータとして場に残るのです。そうして場ができあがります。

たとえばガンジス河源流のゴームクという、私が厳しいヨーガ修行を重ねた地がありますが、そこにも場のバイブレーションはあります。ゴームクは、ヒンドゥー教の聖地であるため、多くの人たちが何らかの意識を持って、そこに巡礼にやってきます。また何億というインドの人たちの意識が、そこに向いています。何十年、何百年、何千年とそれが続いているのです。

パワースポットといわれるようなところや、刑務所のようなところも、すべて、その場所にやってきて過ごす人たちの思いや行動が残っていて、場ができています。

場のバイブレーションは感じやすい人とそうでない人がいますが、判っていなくても、何かしら影響は受けています。そのようにいうと、悪い影響を受けているのではないかと心配になる人もいるかもしれません。もちろんよいバイブレーションの場にいることができたほうがいいのは確かです。しかし、たとえどんな場にいるのだとしても、自分を見失うことなく冷静に、いい状態に保つことができれば問題ないのです。

たとえば、悪徳商法にひっかかりやすい人がいますが、そういう人は自分を見失いやすい人です。場の雰囲気や人の話に、のまれてしまうのです。洗脳や集団催眠も同じことです。

ですから、自分を見失わない方法を身につける必要があります。それはたとえば武道やヨーガを実践することで学ぶことができます。人生の早い時期にそうしたものに出会って学ぶことのできた人は、ラッキーです。それによってうまく生きることができていると思います。

もっとも、ヨーガを始める時期は「思い立ったとき」がベストです。八〇歳からでも、何一つ問題なく始められます。

…というか、そのぐらいの年齢から始めると、ヨーガでもスポーツでもお稽古事でも、本当にその人のためになるし、しっかりと身につくのです。みなさんも自分に合った方法を通して「自分を見失わない方法」を学べるといいと思います。

4．自分の人生をよりよく生きる

私は、時間を効率よく使うようにしています。効率よくすることを愉しんでいます。時間の使い方もゲームのように考えれば、愉しめます。

また、効率も必要ですが、悔いを残さない人生にすることも大切です。今自分がやりたいことをやるということを積み重ねていけば、充実した日々になるはずです。

自分がやりたいことや、自分がやるべきこと、また自分に与えられた使命は、先回しにしないでどんどんやっていかなくてはなりません。私自身は、そうしたことを毎日積極的にやっています。「いつかやればいい」と思っても、ずっと元気に生きているとはかぎりません。であれば、今この瞬間に悔いがないようにしたいと思うわけです。

少々エゴイスティックに感じられるかもしれませんが、自分自身が愉しくいい人生を送ることや、自分自身を高めて幸せな人生を送ることは、非常に大切です。もちろん人を助けることも大切ですが、皆がそれぞれ自分の人生をよく生きることができれば、それ以上に豊かで平和な世界はありません。

5．自分が生まれてきたこと

どんな環境に生まれ育ったのだとしても、基本は自分が生まれてきたことに感謝すべきです。自分は自分、両親は他人（自分ではないという意味での他人）です。育った家庭に問題があって、自分がその影響をひきずっているのだとしても、それを両親のせいにすべきではありません。ひどい両親の元に生まれても立派に育つ子はいますし、また逆に、いい両親の元に生まれても、堕落してしまう子もいます。生き方の責任は自分自身にあります。

自殺は、まだ学ぶことがあるのに道半ばで命を絶つということですから、よくありません。自分自身も大切な一人の人であり、殺していいということはありません。ここまで生きてくるなかで、世話になった人たちもいるでしょう。自死することは、その人たちの恩を無駄にすることにもなってしまいます。

辛い状況にあっても、自分自身の状態をしっかりと見つめ、自分自身がもっとよくなる可能性を一％でも見つけようとするならば、そこから道は開けていきます。自分のことをあきらめてしまうというのは、自分を認識する能力が足りないのです。自分のなかにまだ生命力が残っているのに、それを見出せなかったり、生きることをやめてしまったりするのは無責任です。

困難な状況に陥ったことがない人などいません。そこから自分がどうするかです。本人が生きようとしなければならないのです。もう無理だと思ってしまったらそこまでです。

悩みは自分自身の内面から生じるものです。人間関係で悩むと、相手が悪いと思ってしまいがちです。しかし、相手もあなたが悪いと思っているのだとしたら、あなたの「悪いと思われる部分」を直せばいいのです。

一方的に相手が悪いということはないです。あなたにも、悪い部分があるから、人間関係がうまくいかないのです。ですから、自分自身の内面にしっかり意識を向けることが大切です。それができるようになれば、悩みの答えも自分自身の内面から得られるようになります。

第3章　ヨーガ的生き方のヒント

6. 実現したい夢や願望があるなら

夢や願望があるなら、今動き出さなければなりません。パイロットになりたいなら、航空学校の資料を取り寄せて、どこにどんな学校があるのか調べてみる。日本で学べない事柄であれば、海外のことも調べる必要が出てきます。ただ思っているだけでは、単なる夢想です。何事も行動を起こさなければ始まりません。

私が行なっているライブコンサートやミュージカル公演も、私自身が「やろう!」と思ったことで実現したのです。すごく先のことに思えても、半歩でも一歩でも踏み出してみることです。「一度ライブをしてみよう」と始めたことが、三年も続いています。さらに、ライブハウスだけでは収まらず、劇場公演まで実現したのです。
仮にフルマラソンを三時間以内で走りたいのであれば、今の記録を少しでも縮めれば、目標につながっていきます。仕事でも趣味でも、ほんの少しうまくできるようになることが大切です。そのためには、常に目の前のことをきちんとやっていくことです。私自身は、今のような自分、今のような生活を思い描いてきたわけではありませんが、常に目の前のことをきちんとやりながら生きてきました。

「この人みたいになりたい」と思っていても、その人を超えることはできません。自分が成長すれば超えられるかもしれませんが、人にはそれぞれ個性や素質があります。それぞれが価値のあるものですから、他人と比べる必要はありません。自分は自分で成長するだけです。

自分の足りなさも、面白がれるといいです。足りなさに不満を抱いていても、辛いだけです。たとえば「もっと美人だったらよかったのに」と悲観して、整形する方法もありますが、「美人じゃないけど自分の顔がいい、魅力的だ」と思える

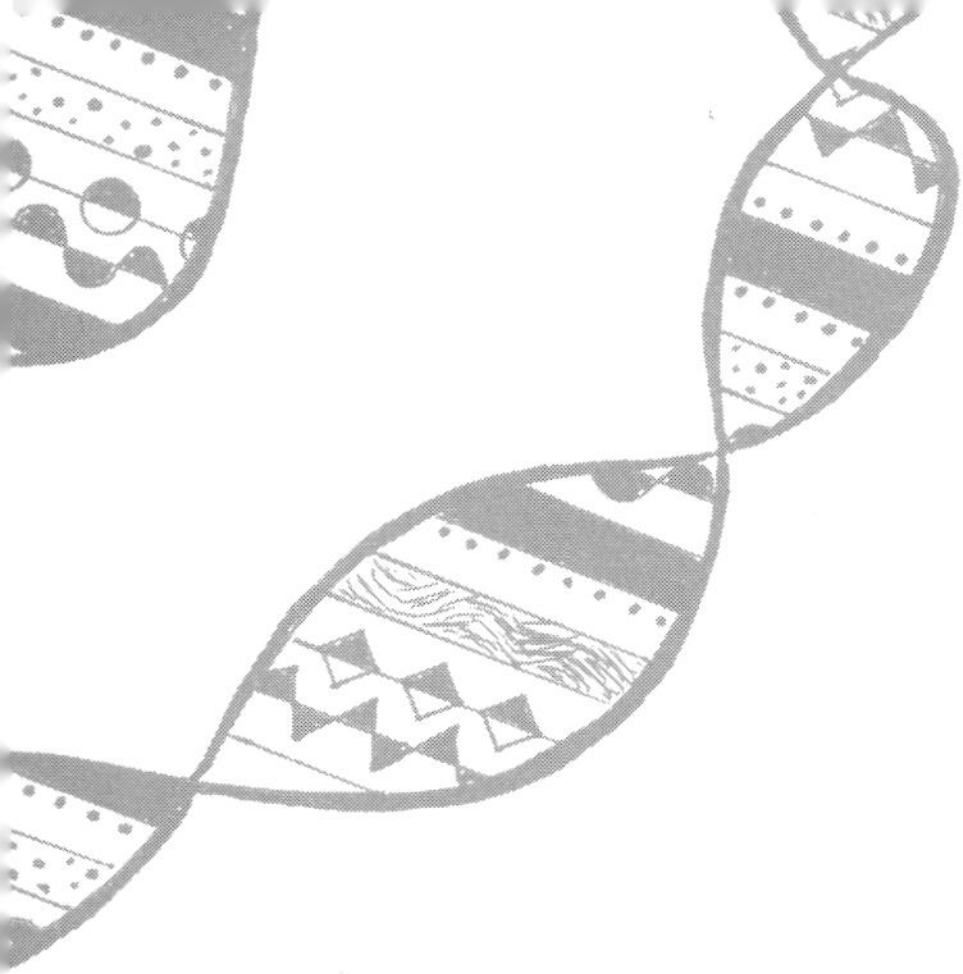

なら、何の不足もありません。

「足るを知る」以上に、「足るを喜ぶ」のです。すると、むしろ美人でありながら不満を抱いている人がかわいそうに思えてきます。それに、そもそも人の魅力は、外見的な顔やスタイルだけではありません。

7．お金との付き合い方

私が主宰するヨーガ教室は、半年通うごとに月謝が安くなるシステムにしています。理由は会員の方々にヨーガを長く続けていただきたいからです。ただ、このシステムで長く通う人が増えると、教室の経営はどんどん苦しくなります。ほかの教室では、上級になると授業料が上がったりするところもありますが、私はそうした経営の仕方はしていません。

もし一万円の研修を開催するなら、参加した人が「今日の研修は二万円くらいの価値があった！」と言って帰ってくれるようなものを提供できるような努力をします。一万円の研修でも、それ以上に感じてもらえれば、参加した人には気分よく満足して帰ってもらえます。

お金を儲けるのであれば、人に喜んでもらい、感謝されて、その結果としてお金をいただくというのが理想です。また、稼ぐこと自体を目的にするのでなく、やりたい仕事があり、その仕事を頑張った結果、報酬が得られるのがいいのです。また、お金を得るのに、人の恨みを買わないようにすることも大切です。極端な話、自分が株で大儲けをしても、それで大損をして失意のどん底に落ちる人もいるわけです。人の恨みを買うような儲け方をしても、それは実は儲けにはなっていません。儲けどころか、それは大損であり、人生における大きな負債です。その後の人生はよいものにはなりません。

単にお金を貯め込むのもよくないです。お金は何かを得るためにあるのですから、ただ貯め込んでも仕方ありません。何か使う目的があるべきです。

目的があって稼ぎたいのであれば、努力を惜しまないことです。給料が少ないと愚痴っていても稼げるわけではないです。状況が許すのであれば、バイトでも何でもして稼ぐことです。

私は、若い頃に朝九時から翌朝の五時まで、毎日三つの仕事をこなして、働いていたことがあります。体力も気力も充実していた時期だったので、何の苦労でもなかったです。むしろ楽しかったです。いろいろな仕事をするのは楽しいものです。

第3章　ヨーガ的生き方のヒント

8．病気はほとんど食べ物でつくられる

人は、食べなければ飢え死にします。それは栄養失調になるのであって、病気になるのではありません。糖尿病やガンなど、生活習慣病の原因の多くは、食によるものです。

野生の動物は、ケガはしますが、そうした人間のような病気はしません。ケガをしたら何も食べずにじーっとしています。つまり、必要以上のものを食べなければ健康でいられるのです。必要以上に食べることは毒になります。食べることを減らせば、成人病の多くは避けられます。その意味では、病気になる前に食事量を減らせるといいのです。

ただし、病気だからといって強制的に食べるのをやめようとすると、精神的なストレスになりますし、逆に病状が悪化する可能性があります。過食というのは、本人が「これではいけない」と自分で気づかなければ、なかなか変わりません。だから自分をしっかり観察するということが大切なのです。

最近は、健康のためには○○を食べたほうがいい、という情報があふれています。しかし「その知識を鵜呑みにして○○を食べる」というのはよくないことだと思ってください。人によって合う、合わないがあります。

それに、健康にいいものばかりよりも、少しはよくないとされるものでも入れたほうが、耐性ができます。乱暴な説のようですが、事実、健康によいとされるものだけを食べていると、生命力が落ちてしまいます。

身体の声を聞くことができれば、食べてよいものと悪いものを見分けられます。そういう人ならば、身体が受け入れれば、何を食べても大丈夫です。

9．必要なものを必要なだけ食べる

私は食べたい物を食べたいときに食べたいだけ食べるようにしています。よく食べるのは、蕎麦、うどん、白米、麦飯、納豆、豆腐、ナッツなどです。動物性のものはほとんど口にしません。しかし、和食には出汁にカツオが使われていることが多いので、外食の場合は、多少、妥協します。

なので、自然と自炊が多くなります。自炊すれば、カツオ出汁も一切使わないで料理できるので、自分にとってはとても美味しいです。ですから、私は完全な菜食主義ではありません。主義ではなく、身体が欲しているものを食べています。

生きるということは、何かを犠牲にして食を得るということです。牛や豚が人間に食べられるのは、ある意味仕方のないことです。しかしながら、動物は人間に食べられるためだけに生まれてきたわけではありません。

私が動物性のものをほとんど口にしない理由は、生まれてきた動物がその生命を全うできることを願っているからです。

家畜のように、飼っている家族にかわいがられて育ったのであればいいでしょう。しかし、現在、食用肉にされている動物たちの多くは、狭いケージの中で餌を食べさせられるだけで、生まれてきたことに「喜び」を感じられるような環境にはまったくありません。これは自然を逸脱した状態です。

私は、そうしたことはこの地球上から一掃したいと思っています。食肉牛、食肉豚といった動物が、生涯牢獄に閉じ込められて、その結果死刑になる。人間にそこまでの特権は与えられていないと思います。せめて牧場で飼われて、元気に動き回って成長し、動物としての経験を積んでから生涯を終えさせたいものです。

ヨーガ教室に通っているうちに、自然と野菜食中心になる人も多いです。ヨーガを続けていると呼吸が深くなり、血液や筋肉の質がよくなり、精神状態が安定します。すると徐々に食べたいものが変化し、肉食の割合が減ってくるのです。

このように、自分自身が変化すれば、自分の身体が必要としているものを、必要なときに、必要なだけ食べるようになります。特に決まった時間に食べる必要もありません。お腹が空いてから食べたほうが、しっかりエネルギーを取り込めます。

第3章　ヨーガ的生き方のヒント

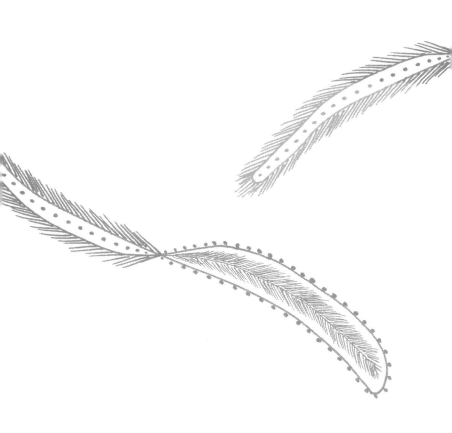

10. ケガや病気をどう考えるか

身体はよいコンディションに保てたほうがいいですが、私も時々は具合が悪くなることがあります。お腹が痛くなることもあれば、ヒマラヤでケガをすることもあります。

一過性のものであれば、治った後にすっきりします。そのことを思うと、お腹が痛いことすら愉しく感じます。お腹が痛くならなければ、そういう愉しさは味わえません。

ケガも同じです。治れば不便から解放されるわけですし、ケガで身体がうまく動かないのだとしても、自分の身体の使い方を研究するチャンスです。生活のなかでいろいろと工夫すればいいのです。

身体は年齢とともに、衰えます。目が悪くなったり、見えなくなったりする人もいます。歩けなくなる人もいます。たとえ目が不自由になったとしても、どういう方向に考えるかが大切です。

目が見えないということは、視覚以外の感覚が人よりも優れるということでもあります。見えなくなったら、それはほかの感覚を生かすチャンスです。そして、これまでとは違う人生の展開があるはずです。そこにワクワク感が生じるかどうか。それは子どものような感性といえるかもしれません。

歩けなくなってがっかりするのではなく、「歩かなくていい分、いろいろなことができる」と考えたいものです。そして、歩く以外のいろいろなことを積極的に実践して、充実した人生を歩むべきです。

生きていくためのいろいろな工夫は、面白いものです。そういうふうに考えたほうが楽です。辛いと言っていたらどんどん暗くなります。重要なのは心の持ち方です。マイナス部分を強調してハンディととらえるか、プラスに考えるか。心因性の病気が増えていますが、ストレスも心の持ち方次第です。

「病は気から」という言葉は、あなどれないです。心配事のない生活をしていれば、大病をする可能性も低いです。たとえ心配事があっても、明るく対処できる性格の人は、健康的です。マイナス思考の人は、真剣にプラス思考になるように努力してください。命がかかっています。

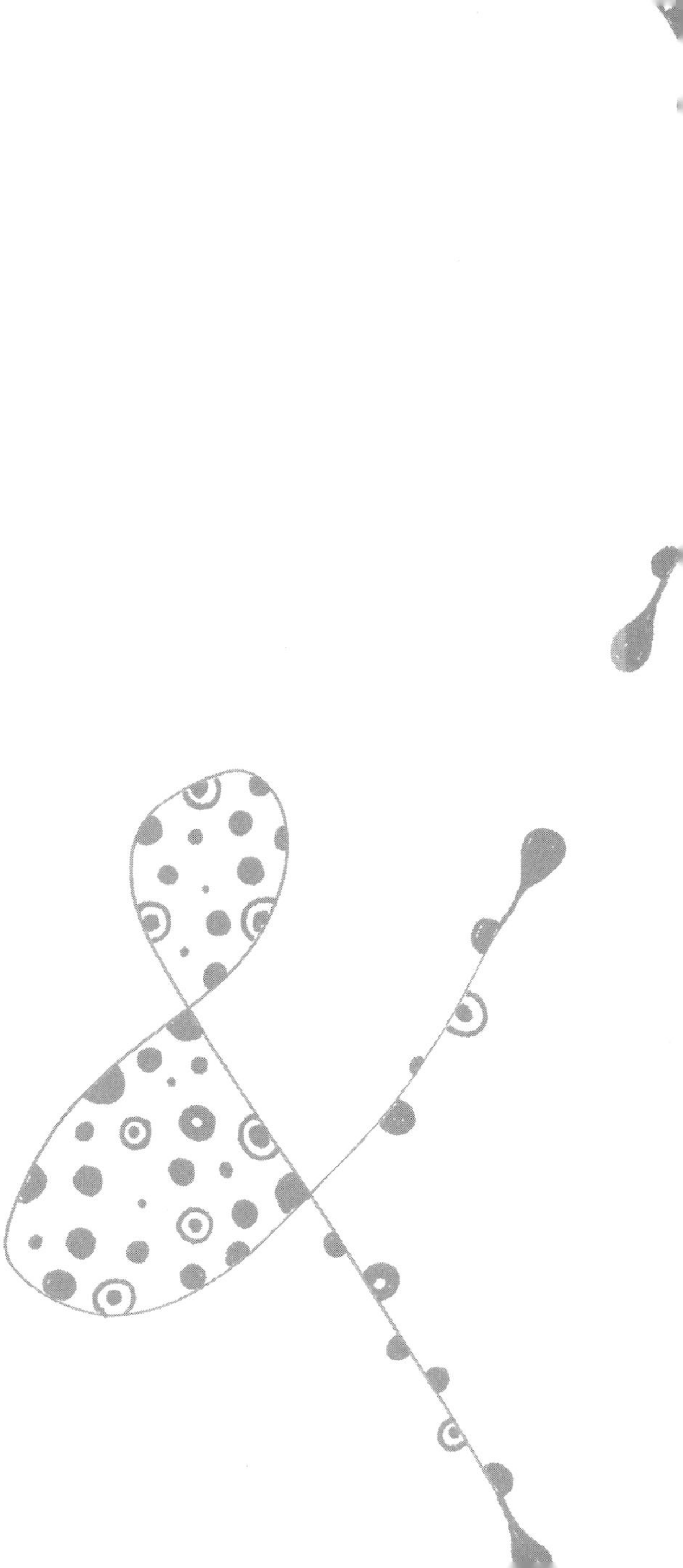

11. 何事も人生勉強

あるとき、ヨーガ教室で足をひねって捻挫した生徒がいました。その瞬間、私は彼の足に手を当てました。その生徒は鍼灸師で、身体のことをよく判っている人ですが、一週間後に教室に来たとき、「成瀬先生に手を当ててもらったら、ありえないほど回復しました」と言っていました。

では、私のところに来れば百人が百人このようになるかというと、そうとはいえません。たまたま治った人がいるということです。ほかに理由があってよくなったのかもしれません。一人このようなことがあったからといって、「だから私は治せるのだ」と言って歩けば、新興宗教になってしまいます。

霊能者のなかにはそうした治す力を持っている人もいますが、金儲けの手段にしていたり、名前を売る手段にしたりしているような人は避けたほうがいいでしょう。たとえば「あなたは胃が悪いですよ」と言って、治して、それでお金をとるような人がいます。そういう人は本物ではありません。もしそういう能力があるなら、本人にも知らせず治してあげればいいことです。

これは、善行や寄付などにも通じることです。善行はなるべく他人に知らせないで施すのがベストです。自分が寄付したことが判らないようにして、寄付するのが理想的です。

人の病気を治せる力があるなら、それで多くの人を治せばいいと思われるかもしれませんが、病気もケガも、その人が必要だからそうなっていることです。それを単純に取り上げてしまっていいかというと、そうではありません。その人の人生勉強を取り上げることになってしまうからです。

あなたが病気になってもケガをしても、「これは自分の人生勉強のためのことだ」

という考えを持てれば、人間的に一歩成長したことになります。さらに、そういう考え方を持つと、病気やケガの回復も早くなりますし、辛い思いや苦しい思いに振り回されずにすみます。

12. アクシデントは人生を豊かにする

ヒマラヤでは、思いがけずケガをすることがあります。登山ルートは道になっていますが、そうでないところは足を置いたら崩れることもあります。ですから、九死に一生を得るような経験も度々しています。

ただし、死にそうになるのと死ぬのは別です。

以前、ヒマラヤで崖を登っているときに、岩が落ちてきて、私の顔に直撃したこともありました。右目のあたりが血まみれになりましたが、そのとき、私はケガをした顔を写真にとっておき、日本に戻ってからみんなに自慢しました。それもいい思い出です。

人生のなかで記憶に残るのは、だいたいそういうアクシデントです。皆さんもそうではないでしょうか。大変なことや辛いことがあっても、それも経験です。その経験がなければ判らなかったこともあるでしょう。いろいろなことがあるのが人生です。

楽しい遊びだとしても、その遊びだけを一年中し続けなければならないとしたら、楽しくはないでしょう。むしろ苦痛を感じるようになるはずです。ディズニーランドの園内から、生涯出られなくて、アトラクションに乗り続けなければならないとしたら、楽しいどころか拷問だと感じるでしょう。

たとえば外国旅行に行って、有名な美術館に行き、素晴らしい景色を見て、美味しい食事をして帰ってきても、それはよくある旅行の一つにすぎません。

しかし、その外国旅行で、乗っているバスが郊外で衝突事故を起こして、ケガはなかったものの、空腹のなかを五時間をかけて歩き、やっとホテルにたどり着いたとします。そうするとその体験は、一緒に旅行に行った仲間と会うたびに話題となり、生涯忘れられない思い出となります。

私が初めてヒマラヤに行ったときには、土砂崩れで道路が寸断されて、本来ならばバスで行けるはずのところを延々歩きました。炎天下を十四キロ歩いたその経験は、二十年以上経ってもいまだに忘れません。

アクシデントは、人生にとってマイナスの経験とはかぎりません。むしろアクシデントは、人生の宝物であり、人生を豊かにするものです。

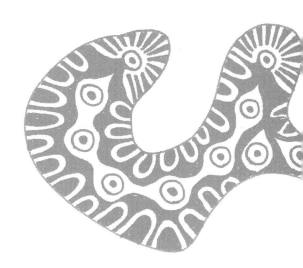

第3章　ヨーガ的生き方のヒント

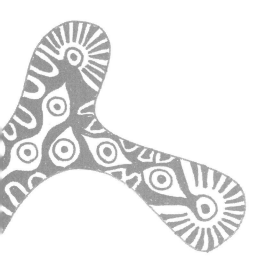

13. 自分の悩みに向き合う

仕事のこと、パートナーとの関係、将来のことなど、いろいろと悩みを抱えている人は多いです。しかし、ただ嫌だと思っていても仕方ありません。

嫌な仕事というのも、もちろんあると思います。しかし、嫌だと思う仕事でも、絶対にいいと思えるところ、面白いところがあります。それを一生懸命見ていれば愉しくなってきます。そうしたいい点を見ることができる人と、できない人がいます。

本当にその仕事が嫌なら、やめればいいことです。面白いところを見つければ楽しくなるのに、なぜそっちをしないのでしょうか。「こう思う」と一つの考えに凝り固まることなく、「こうかもしれない」「ああかもしれない」と柔軟に考えられるといいのです。

パートナーとうまくいかないという悩みも、最初は相手のよいところだけしか見えてなかったのが、だんだん悪い面が見えてきて、ケンカになり、というパターンがほとんどです。相手のよいところを見て、相手との関係がうまくいくようにできれば大人です。それができなくて、本当に嫌になったら、別れることになるのです。

恋人やお金、地位・名誉など、何かに執着しているときは、それがなくなることを恐れていることが多いです。執着しているときは、その執着をなくそうと思ってもなくせないものです。「執着をなくしたい」という思いもまた執着です。なるべく執着している対象から自由になり、あってもなくても大丈夫と思えるようになるといいです。

食べすぎ、飲みすぎ、時間の浪費など、判っているけれどやめられないという人も多いと思います。食べすぎたり飲みすぎたりして後で苦しくなったり、つい夜更かしをしてしまって疲れが抜けなかったりと、何にせよあまりいいことはありません。

たとえば、判っているけれどつい食べすぎてしまうという人は、そもそも何のために食べるのか、ということを考えてみることです。食べすぎの人は、空腹になってから食べているわけではありません。楽しみやストレス解消のためであったり、間食や夜食をとることが習慣になっていて食べていることが多いでしょう。

本来、人は生きていくために食べるのであり、何か行動を起こすために食べるのです。ですから、お腹が空いていないときに食べたり、お菓子やファストフードばかりを食べたりということは、本来の食べる目的とは異なります。

たまには食べたいものを思いきり食べるのもいいですが、その場合は罪悪感を持たないことです。今の自分に必要だから欲しているのであって、将来は変わってくるだろう、という明るい気持ちで食べればいいです。せっかく美味しいものを食べているのですから。

罪の意識があるともっと食べたくなります。子どもも、食べちゃダメと言われると、隠れて食べたりするものです。

一方、これくらい食べてもいいかなと思って、食べすぎるのが当たり前になっている人もいると思います。こうした自覚なく食べすぎている人は、どこかで本人が気づくしかありません。

ちょうどいい具合に自分を満たすことは難しいです。食べてみたり、断食もしてみたりしながら、「自分にとっての中庸」を見つけてください。極端な方向に偏るのはよくありません。

できれば、食べることも本能に任せるのがベストです。お腹が空いたときに、食べたいものを食べて元気になり、やる気を出して毎日を過ごせれば、それに越したことはありません。

ヨーガが身についてくると、執着から離れる方向にいきます。それは視野が広くなるということでもあります。「これがなければだめ」という凝り固まった考えでなく、「これ以外にも、あれもこれもある。だからなくても大丈夫」と思えるようになるのです。

日々の悩みがすべて解消されればいいのかというと、そうともかぎりません。日々悩みがあるというのは、生きている証拠です。大切なのは、悩みや問題に向き合うことです。

心配ばかりしていても仕方ありません。悩みに向き合うには、自分の頭で考えて行動することです。そして一つひとつ、悩みを解決していくのです。そうすることで人は成長します。

14. ネガティブな感情にのまれないために

元来、人間は弱いものです。それを理解しておいたほうがいいです。寂しさから、アルコールやタバコ、覚醒剤などに頼ってしまい、逃れられなくなってしまうこともあります。そういうのは多くの場合、現実逃避です。

不安や恐れ、寂しさや虚しさにどっぷりと浸かってしまっているときは、意識が自分から離れてしまっています。そんなときは、意識を自分に戻すことが必要です。「自分は今、不安を感じている」「自分は今、恐れを感じている」と冷静に受け止めるのです。

普段から自分を見つめることができていれば、問題なく受け止められますが、急にそうしようと思ってできるものでもありません。

では、どうしたらそうした感情を冷静に受け止めることができるでしょうか。

そのためには、アルコールや薬物ではない、ほかの何かをやってみることです。マラソンでも野球でも、歌でも、何か自分の身体を使うことをやってみるといいです。それがきっかけになって、現実逃避の状態から、しっかりとした意識が自分自身に戻ってきます。

身体を使っているうちに、「疲れたなー」「右腕が痛くなってきたなー」などと思うでしょう。それはつまり、自分（の身体）に意識が向いてきたということです。「もうちょっとうまくやるにはどうしたらいいか」などと工夫することもそうです。客観的に自分を見ることができればいいですが、まずは自分に意識を向けるきっかけをつかむことです。

不安や恐れ、虚しさ、寂しさも、冷静に受け止めることができれば、強くなります。アルコールや薬物などへの現実逃避は、そこから抜け出すのが非常に困難です。薬物に依存しつつも、「どうして手を出してしまったのか」と悔やみ続けます。当然、アルコールや薬物に依存する前に、気づいて回避できたほうがいいです。

それには、普段から身体を使うようなことをして、自分に意識を向けるベースを作っておくことが大切です。スポーツでも音楽でも、遊びでも何でもかまいません。それが自分の状態や自分自身のことを知ることにつながるのです。

私のヒマラヤ修行

私は一九九九年から延べ十三年にわたり、ゴームクという地でヨーガ修行をしました。インドのガンジス河源流（標高三九八二メートル）の地です。二〇一〇年は集中豪雨と土石流で多くの村が消失して、そのときはゴームクまで行けませんでしたが、翌二〇一一年に十二回と決めた修行を完結しました。

そして二年間のブランクを経て、二〇一四年にローマンタンという地でヒマラヤ修行を再開しました。ヒマラヤはエベレストのある東から、西のパキスタンまで東西に広がっています。

ローマンタンはインドのゴームクより東側にあります。ネパール領内ですが、もともとムスタン王国の首都でした。ムスタンは鎖国していたので、外国人が訪れることはできない状態だったのが、ネパールの自治州となり、外国人観光客を受け入れるようになりました。そこで二〇一四年と二〇一五年の二回、ローマンタンにヨーガ修行に行ったのです。

カリガンダキ河畔には、瞑想にふさわしい洞窟が数多くありました。その洞窟は三五〇〇年前に、ボン教（チベットの民族宗教）の修行者が、瞑想をするために掘った洞窟だったのです。私がヒマラヤ修行で瞑想するには、最適の場所でした。これからも、私はその洞窟でヒマラヤ修行をすることになると思います。

第4章　瞑想のある生活

1．人間とは何か？

「人間って何だろう？」という素朴な疑問が生じることもあるでしょう。知的生命体という立場で、人間は特別な存在だという考え方もあります。人間はほかの動物より、高度な頭脳を有していて、万物の霊長だともいわれています。

人間がほかの動物や植物などより優位の存在だという考え方を持つと、実は視野を狭めて、小さな存在になってしまう恐れがあります。人間がほかの動物より優位だという考えは、なるべくなら持たないほうがいいです。事実、人間（＝自分）をしっかりと見据える冷静な視点があれば、ほかの動物より優位だとはいえないことが判ります。

自然界のなかで、一番生命力が弱い動物が、人間だといえます。なぜなら、自然のなかに一人放り出されたら、おそらく生きていけない人が大半だからです。ほかの動物は、自然界でたくましく生き続けているのです。

なのに、人間が「万物の霊長」という認識で、地球上に君臨している（ように錯覚している）のは、ほかの動物とは違った「知恵」が発達したからでしょう。科学が発達し、経済が発展し、豊かな生活を手に入れられるようになった（一部の）人間は、地球にとっては危険な存在となったのです。

現にチェルノブイリや福島原発のように放射能汚染を地球上にもたらしているのは「人間」です。ほかの動物はそんなことはしていません。地球温暖化という問題も「人間」が起こしています。人間以外の動植物は、地球に迷惑をかけないで生きているのです。

唯一「人間」だけが地球に迷惑をかけ、地球を汚染しながら生きているのです。それが人間であり、もちろん自分なのです。その認識をしっかりと持つことが、生きていくうえでのスタートポイントです。そしてそのことが、「人間とは何か？」を知る最大のヒントになるのです。

第4章 瞑想のある生活

2．瞑想で純粋性を回復させる

元来、人は純粋な存在でした。

生まれたばかりの赤ちゃんも純粋ですし、太古の時代の人間も現代人より純粋だったと思います。昆虫やほかの動物にしてもそうです。煩悩や雑念、余計な知識がない分、純粋です。

現代においては、人間として生きていくうえで、様々な知識や常識を学びます。家や学校で、社会で、見て聞いて教わって、多くのことを学びます。それは人間社会で生きていくうえで必要なことです。

ただ、そうしてたくさんのことを吸収していくうちに、何が真実なのかが見えなくなってしまいます。生きていくために本当に必要な真理を見据えようとしたときに、余計な知識が邪魔をしてしまうのです。それは純粋性を失ってしまったからだといえます。

純粋であれば、何もわざわざ瞑想をする必要はありません。純粋であるとは、つまり、瞑想的であるということです。

人は、純粋性を取り戻すために瞑想を行うようになりました。

知識や常識でいっぱいになってしまった頭のなかを、瞑想でからっぽにし、純粋な状態に戻すのです。そうすることで、人が本来持っている洞察力や直感力、精神力、そして生命力が高まるのです。昔の人はそうした能力を持ち合わせていたから、今のように便利で安全な世の中でなくても生き抜くことができたのです。

私自身は、いつから瞑想を始めたということもなく、自分のことを知ろうとして静かにする時間は、常々とってきました。瞑想は、必ずしも長時間する必要はなく、自分がストンとクリアな状態になるならば、一分でも三分でもいいのです。

短い時間でもしっかりと瞑想できるようになるためには、一時間とか少し長い時間やることも必要でしょう。ただしそれは通過点です。できるようになれば時間数は関係ありません。

私は以前、ヨーガの逆立ち（シールシャ・アーサナ）をした状態で瞑想を一時間くらいすると気持ちがよかったので、そうしていました。それはさらに二時間でも三時間でも続けられるのですが、私は一時間を習慣的にしていました。

瞑想は、長時間しなければいけないというものではないです。しかし、自分がその状態でいたいと思うなら、長い時間続けてもかまいません。

3．瞑想能力を高めるには

瞑想は、日常生活で生かしてこそ意味のあるものになります。せっかく瞑想をしても、それが日常生活から切り離されたものであるならば、それは生きた瞑想とはいえません。

瞑想の練習として、「ただ湧き起こる想念を観察する」というのがあります。非常に単純ですが、実際にやってみると、そう簡単ではありません。自分の想念を観察することに慣れてくると、気持ちを落ち着けるだけで、自分が思っていることをしっかりと観察できるようになります。

「沈思黙考」という言葉がありますが、迷ってその場で判断がつかないときは、瞑想すれば、何を選択すべきかが見えてきます。瞑想とは、心を整理する作業です。もしAかBかのどちらかを選ばなければならないとしたら、普通は「どちらにしようか」と悩みます。それは、心が整理されていないからです。すでに心が整理された状態ならば、悩む必要がないです。

そもそも瞑想とは何でしょうか。

瞑想とは、自分を知ることです。自分を知るためには、「自分を観る」ことが入口になります。今自分はどこにいるのか、今自分は何をどう感じているのか、など、何でもいいから自分に関わることを認識していくのです。自分の外のことではなく、自分自身のことを観ていきます。そうすることで、瞑想能力はどんどん上がっていきます。自分のすべてを知ることは、最高の悟りです。

瞑想もステップ・バイ・ステップです。何でもそうだと思いますが、着実に一歩ずつ積み上げていくのが重要です。私が瞑想を教えるやり方は、その「一歩」

を教えるだけです。ただ座っているだけでは瞑想能力は上がりません。しかし、瞑想の基礎になる一歩を積み上げていくことで、瞑想能力は確実に得られるのです。

瞑想能力が高まると、自分を通して俯瞰的に物事を観ることができるようになります。すると、常識的な制約から解放され、より自由に生きることができるようになるのです。

4・瞑想画を描く

私が最近取り組むようになったのが、瞑想画です。これは瞑想状態で絵を描くもので、私が考案しました。画材は筆とボールペン（ゲルペン）を使います。特別なものは使っていません。

瞑想画を描くときは、まず瞑想状態に入ります。そして筆を持つと、描くべき線が自然と浮かんできます。そのとおりに線を描きます。

そしてさらに深い瞑想状態に入ります。すると今度は、筆で描いた外側の空白部分に描くべき絵柄が浮かんできます。それをボールペンで描き出します。最初は黒一色で描いていましたが、色つきのペンを使うようにもなりました。

作品はさっと仕上がるものもあれば、これだと思うインスピレーションがくるまで何日も何週間も間が空くこともあります。

この瞑想画の大きな特徴は、上下左右がないことです。見る人が好きなように、自由に鑑賞すればいいものです。斜めに飾ってもかまいません。

絵などの芸術作品には、その人のバイブレーション（波動）が表れます。その人自身が出ます。その人の考えや行い、心のあり方、これまでの経験等々が表れます。ですから、その人自身の経験の中身が薄いと、いいものはできません。絵にかぎらず、音楽でも踊りでも同じです。ですから、高名な芸術家は、本人のなかに世界中の人を魅了するものを持っているから、すごい作品を作れるということです。

私の場合には、ヒマラヤの修行で体得した瞑想能力を瞑想画に込めます。そのため、通常の絵とは違うエネルギー、パワーの感じられる絵となるのだと思います。

一つのこと（ヒマラヤ修行）を、磨き上げていくと、違うこと（瞑想画）をやっても、その能力を生かすことができるのだと考えられます。

ちなみに、原画にはそのバイブレーションが表れますが、コピーにはそれが原画ほどはないようです。だから原画であることに意味があるのです。

これまで絵を描くこと以外にも、小説『ハイトーン』を書いたり、ミュージカル公演をやったりしていますが、いずれも自分が面白いと思ったことをやっています。「これだ」と思えるものに出会うためには、目の前に来たものをしっかりつかまえて対峙してみることが大切です。また、じっとしているだけでなく動くことも必要です。

第4章　瞑想のある生活

5. 慣れたその先にあるもの

芸術でも何でも、本当にレベルアップするのは、慣れてきたその後です。慣れというのは、考えなくてもできるようになるということです。慣れてスムーズにできるようになることはいいことです。ただし、慣れはうっかりすると惰性になってしまうので、細かく見極めていくことが大切です。

たとえば料理などは、まさにそういうものでしょう。手順を覚えてしまえば簡単に作れるようになりますが、そうするとあまり大切に作らなくなってしまったりします。プロの料理人なら、そこからもっと細かく見ていき、もっとよいものにするにはどうしたらいいかと考えます。そうすることで、さらにレベルの高い料理になるのです。

まず慣れること。そして慣れても惰性にならないこと。そこから、さらに繊細な観察力を駆使して、一歩でも半歩でも先へ進むのです。

そのときに、ヨーガの瞑想能力が役立ちます。ヨーガには限りなく繊細に観察するテクニックがたくさん用意されています。少しでもヨーガに触れればそのことが判ると思います。

6. 呼吸法で集中力を養う

誰にでもできて、確実に瞑想能力がつくテクニックを紹介します。瞑想能力をつけるためには、集中力を高める必要があります。そこで、いつでもどこでもできるものとして、「呼吸法」を取り上げてみます。

呼吸は一生涯し続けています。その無意識にしている呼吸を「意識的」にしてみるのです。意識的にするには、集中力が必要となります。

まず、呼吸は吐くのも吸うのも「鼻から」が原則です。口呼吸は空気中のウイルスや雑菌を直接体内に取り込んでしまう可能性があり、いろいろな病気の原因となってしまいます。ですので、常日頃から「鼻から」の呼吸を心掛けましょう。

まず、自分のしている呼吸に意識を向けてください。吐く息の長さや強さ、吸う息との長さや強さの違い。吐きから吸いへのタイミングはどうなっているのか、吸いから吐きへも同じようにチェックします。

この「呼吸に意識を向ける」ということだけで、すでに、呼吸法の達人への一歩を踏み出したのです。そして「達人への道」は、長時間の訓練ではなく、短時間の練習の積み重ねが大切なのです。

そしてたとえば、電車に乗ってドアが閉じられた瞬間から自分の呼吸数を数え始めて、次の駅でドアが開く瞬間まで続けてみます。最初は、ある程度「ゆっくり吐くこと」を心掛けて、呼吸数を数えましょう。毎回の呼吸の長さや強さなどは、一定になるようにします。

それに慣れてきたら、今度は逆に、毎回の呼吸の長さや強さを変えるようにします。つまり一呼吸ごとに、長さや強さを変えていくのです。これはかなりの集中力が必要です。たとえ一駅間でも、毎回違う長さと強さの呼吸をし続けるのは、かなりのテクニックが要ります。

これができるようになるだけで、瞑想能力を高めるための集中力は、十分に身につきます。

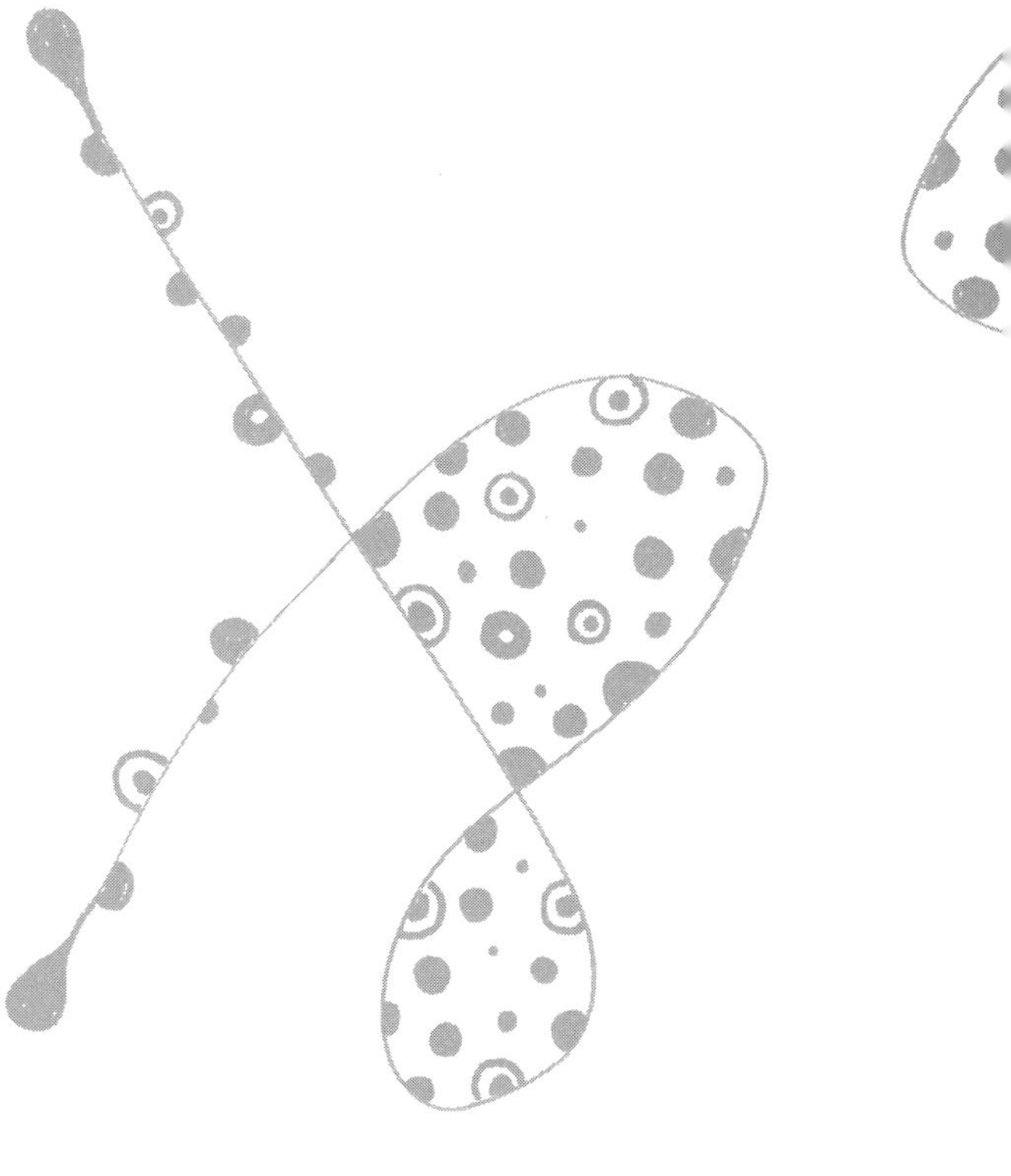

7. トイレは瞑想室

瞑想能力を高めるための最初のステップとして、トイレに入ったときにできる瞑想練習を紹介します。自宅のトイレのほうが落ち着いてできます。

まず、便座に座ったら目を閉じます。瞑想に入る方法には「目を閉じる」「半眼」「目を開ける」という三つがありますが、「目を閉じる」パターンで試してください。その理由は、あれこれ見えると、心が動いて瞑想しにくいからです。

目を閉じるとトイレの内部は見えなくなります。

そこで、目を開ければ見えるはずの状態を想像してみます。トイレの壁の状態、床の状態、天井の状態、便座の状態、座っている自分の状態という具合に、しっかりと思い返します。

そしてトイレを終えて出るときに、目を開けて、自分が想像したとおりだったかを確認します。目を閉じたときに深く入れていたなら、想像と実際の違いは少ないはずです。

通常の瞑想では、自分がやった瞑想のレベルも出来具合もはっきりしないものですが、この瞑想練習は、出来具合がその場で判明しますし、しっかりできたときは、その実感も得やすいです。トイレに入ったときの習慣にするといいでしょう。


イメージするのは、ほかの状態でも構いません。トイレで目を閉じたまま、自宅の風呂に入っているところを想像したり、居間でくつろいでいるところを想像したり、書斎でパソコンに向かっているところを想像したりという具合です。そのとき少しでも「そこいるような感じ」が得られれば、まずは成功です。

これはヨーガの「観想法」という瞑想のテクニックで、最終的には、目を閉じた目の前にその情景を映像化するというものです。熟達すると、その場にいるような体感がはっきりと得られます。

トイレにいながらにして居間に意識をもっていけるということは、意識が拡がっているということです。それだけ自分が自由になっているといえます。瞑想能力で、自分の意識世界を拡げていけばいくほど、自由度が増します。

8. ヨーガ行者の瞑想

瞑想においては、自分の内側に意識を向けて、身体の状態や心の状態を観察することも重要です。それによって、レントゲンやCTスキャンより正確に、自分の健康状態を把握することができて、大病を回避できるのです。ヨーガ行者はそうやって、修行の妨げになる病気を防いできたのです。

医者のいなかった時代のヨーガ行者は、村人たちの主治医の役割も果たしていました。瞑想能力を駆使して、村人の体内を探り、病巣や病原を見つけ出すのです。そして、その病気が生じた原因になる生活習慣を、詳細に聞き出して、それを改めさせるとともに、薬草などを処方して渡すのです。ヨーガの瞑想能力には、そういう活用法もあります。

またヨーガの瞑想は、時間や空間の制約を受けないため、地球上のあらゆるところに意識をもっていけます。地球にかぎらず、宇宙の果てまで意識を拡げることも可能なのです。時間の制約も受けないということは、八百年前に修行していたヨーガ行者のテクニックを、つぶさに見てくることもできます。私のヨーガテクニックのいくつかは、そうやって身につけたものです。

そのテクニックを使えば未来にも行けることになるのですが、私は、自分の意識を未来にもっていくことは絶対にしません。人間として充実した人生を歩み、霊性を高め、最高の死に向かうには、未来を知ることは「邪魔」でしかありません。今、この瞬間が一番大切なのです。

9. 瞑想で意識を拡大する

さて次に、本格的な瞑想練習をご紹介しましょう。

瞑想能力が高まれば、体内の状態を把握したり、情景を映像化したりすることができるということを説明をしました。同じテクニックを用いて、意識を拡げていろいろな場所を訪れてみましょう。

まずは、これまで訪れた場所のなかで、一番印象的な場所の風景を思い出すようにします。目を閉じて思い出すと同時に、その風景を目の前に描き出すようにするのです。実際には、その風景を「描き出す」というのはなかなか難しいものです。

風景を思い描きながら、自分がそこにいるような体感があれば、成功だと思ってください。瞑想もステップ・バイ・ステップですので、ほんの少しそこにいるような感じがするだけでも、瞑想テクニックが進歩したと考えていいでしょう。

最初のうちは、なるべく思い浮かべやすい風景を選んでください。いかにもそれらしく瞑想をしていても、その実が伴わなければ意味がありません。目を閉じた途端、パッと目の前にその風景が浮かび上がるぐらいの景色を選びましょう。その実感を踏まえて、徐々に難しい対象にも挑戦していきます。

たとえば、これまで行ったことはないけれど、テレビで見て「行ってみたい」と思っている場所などです。そのテクニックが身につけば、瞑想能力を使って世界中どこへでも行けます。そこに「瞑想」の素晴らしさがあるのです。

10. 人生を豊かにする瞑想

ヨーガの能力、瞑想能力が最高に発揮されるのは、死のコントロール（マハー・サマーディ）です。しかしながら死の前に、私たちは「寝たきり」になる可能性があります。もちろん、普段からヨーガを実践して健康維持に努めるのがいいのですが、それでも寝たきりになってしまうかもしれません。

そうなったときに「私の人生は終わりだ」と悲観するでしょうか。しかし、寝たきりになっても、人生は続きます。そこから先、ずっと暗い人生を歩む道を選びたいとは思わないでしょう。そこで役立つのが、実はヨーガの瞑想能力なのです。

寝たきりになったとしたら、あなたは一時間、一日、一年をどう過ごすでしょうか？　実際に横になって、身体を動かさずに過ごしてみてください。おそらく三十分もしないうちに「ああ、もう嫌だ」という気持ちになるのではないでしょうか。動きたいのに動けないというのは、辛いものがあります。

しかし、寝たきりになっても、何時間でも、何日でも、何年でも「楽しい」という気持ちが続くようなテクニックがあるのだとしたら、それを知りたいと思いませんか？

それが「瞑想テクニック」なのです。先にご紹介したような瞑想テクニックを使えば、身体が動けなくても、世界中のどこへでも行くことができるのです。寝たまま、「楽しい」と感じられる毎日を過ごすことができます。

これはケガや病気で寝込んだときも同じです。

それと、まずは動けなくなったことを悲観するマイナス思考から、抜け出す必要があります。寝たきりになったことで、むしろ「歩いて疲れることがなくなった」「満員電車に乗らなくてすむ」「食事の用意をしなくていい」「掃除洗濯から解放された」と、できなくなったのではなく、「しなくてすむようになった」と考えるのです。

そして「瞑想する時間的余裕がない」状況だったのが、「たっぷりと瞑想できる」状況になったのです。瞑想能力がしっかりと身についていれば、自然とこういう考え方になります。実際「瞑想三昧」の日々を過ごせるわけですから、幸せです。それは最高の「自由」です。

そのような考え方ができると、人生は「怖いものなし」になります。

ほんの少しずつでも「瞑想」ができるようになれば、人生は豊かになっていきます。ステップ・バイ・ステップで瞑想能力を身につけ、ぜひ充実した人生を謳歌していただきたいと思います。

おわりに

本書は、常識とらわれない自由な発想で書いてあります。

生きていくうえでは、もちろん常識を身につける必要があります。しかし、あまり常識にとらわれていると、窮屈な人生になってしまいます。

社会で生きていくうえでの基本的なルールを守っていれば、もっと自分の思うような生き方をしてもいいのです。「こうでなくてはならない」「そんなことは、するべきではない」という思い込みから離れて、自由な発想をしていいわけです。むしろそのほうが豊かな人生を歩むことができます。

これからの一年を考えてみたときに、実質的に自分が認識できて活動できるのは、休む時間を除くと九ヶ月しかありません。その九ヶ月を無駄に過ごしてはいられません。今、この瞬間から最高の人生を歩むための行動を起こすべきです。

苦しいことも、辛いことも、楽しいことも、悲しいことも、すべて含めて愉しめれば、結果的には最高の人生となります。つまらない人生を歩むか、最高の人生を歩むかの選択は、あなた次第ですが、私はぜひとも豊かで充実した人生を歩んでもらいたいと思っています。

そのためのヒントを本書から得ていただければ幸いです。

成瀬雅春

著 者 ● 成瀬 雅春

ヨーガ行者、ヨーガ指導者。1976年からヨーガ指導を始め、1977年2月の初渡印以来、インドを中心にアジア圏を数10回訪れている。地上1メートルを超える空中浮揚やクンダリニー覚醒技法、心臓の鼓動を止める呼吸法、ルンゴム（空中歩行）、系観瞑想法などを独学で体得。2001年、全インド密教協会からヨーギーラージ（ヨーガ行者の王）の称号を授与される。2011年6月、12年のヒマラヤ修行を終える。

成瀬ヨーガグループ主宰。倍音声明協会会長。朝日カルチャーセンター講師。

主な著書に『心身を浄化する瞑想「倍音声明」CDブック』（マキノ出版）、『死なないカラダ、死なない心』（講談社）、『時間と空間、物質を超える生き方』『死ぬのを楽しみに生きると人生の質は最高になる』（ヒカルランド）、『ハタ・ヨーガ完全版』『呼吸法の極意　ゆっくり吐くこと』『クンダリニー・ヨーガ』『瞑想法の極意で開く 精神世界の扉』『悟りのプロセス』（BABジャパン）、ほか多数。

＜成瀬ヨーガグループ＞ http://www.naruse-yoga.com/

イラスト ● 成瀬雅春
本文デザイン ● ギール・プロ
装丁 ● 中野岳人

ヨーガ的生き方で すべてが自由になる！

2016年9月10日　初版第１刷発行

著者
成瀬雅春

発行者
東口敏郎

発行所
株式会社BABジャパン
〒151-0073　東京都渋谷区笹塚1-30-11 中村ビル
TEL 03-3469-0135　FAX 03-3469-0162
URL http://www.therapylife.jp
E-mail: shop@bab.co.jp

郵便振替
00140-7-116767

印刷・製本
株式会社暁印刷

ISBN978-4-86220-993-1　C2077

BOOK Collection

BOOK　ヨーガを深めたい、自分が成長したい
ヨーギーとヨーギニーのための

ハタ・ヨーガ完全版

ヨーガ愛好家あこがれの100のヨーガポーズがこの１冊で修得できます。ハタ・ヨーガは「身体の操作」によって解脱を目指す、ヨーガ流派のひとつです。特徴は「積極的な実践法」にあります。長い修行の伝統の中で生まれてきたさまざまなアーサナ（ポーズ）は、瞑想に頼らず自分から解脱に至ろうとするハタ・ヨーガの強さを象徴しています。

●成瀬雅春 著　●B5判　●240頁　●本体 2,000 円+税

BOOK　超常的能力ヨーガ実践書の決定版

クンダリニー・ヨーガ

ヨーガの実践が導く「大いなる悟り（マハー・サマーディ）」

超常的能力ヨーガ実践書の決定版。日本ヨーガ界の第一人者成瀬雅春師が、クンダリニーエネルギー覚醒の秘伝をついに公開！根源的エネルギー「プラーナ」が人体内で超常的能力として活性化する「クンダリニー覚醒」を本気で目指す人のための実践マニュアル。心身のコントロール能力が飛躍的に向上。

●成瀬雅春 著　●四六判　●288頁　●本体 2,000 円+税

BOOK　瞑想法の極意で開く **精神世界の扉**

瞑想すれば何でもできる
精神世界という宇宙へつながる扉が開く

「瞑想」「悟り」「解脱」を完全網羅! 日本ヨーガ界の第一人者・成瀬雅春が〈真の瞑想〉を語る。■目次:瞑捜編（瞑想とは何か・サマーディへの階梯・瞑想の実践法・制感の実践法）／瞑想編（観想の実践法・瞑想の実践法・他）／究極編（聖地への道程・瞑想法の極意・究極の瞑想・他）／系観瞑想／特別対談　角川春樹×成瀬雅春

●成瀬雅春 著　●四六判　●320頁　●本体 1,600 円+税

BOOK　今を生き抜く絶対不敗の心と体を得るために

「男の瞑想学」

瞑想世界を読み解く対話から、すぐに体験できる瞑想法の指導までがこの一冊に!　あの時、何もできなかったのはなぜか？どうして、いま決断ができないのか？　見えない未来を恐れ、いまを無駄にしないために必要なこととは何か。闘う男格闘王・前田日明とヨーガ行者の王・成瀬雅春の対話から見えてきたのは、今を生き抜くために必要な男の瞑想学だった。

●「月刊秘伝」編集部 編　●四六判　●186頁
●本体 1,300 円+税